Ute Rabe
Dinkel und Grünkern

Ute Rabe

Dinkel und Grünkern

fantastisch vegetarisch

Für Hans-Joachim

Ich möchte allen danken, die mich durch Rat und Tat
bei der Arbeit an diesem Buch unterstützten.
Ganz besonders den Landwirten aus dem Bauland
um Boxberg, die mich mit den Geheimnissen der
Grünkernerzeugung bekannt machten.

Inhaltsverzeichnis

Vorbemerkung

Als dieses Buch 1990 zum ersten Mal erschien, waren Dinkel und Grünkern über Jahre hinweg aus unserem Speiseplan fast vollständig verschwunden gewesen. Damals wollten sich immer mehr Menschen gesünder und bewusster ernähren und suchten nach Alternativen zum industriell gefertigten »Einheitsfutter«. Für diese Leute ist das Vollwertkochbuch »Dinkel und Grünkern« ursprünglich entstanden. Man war gerade dabei, die Vorzüge des alten Getreides für die Vollwertküche zu entdecken. Das Buch liefert Informationen über Anbau und Verarbeitung und bietet alte und neue Rezeptideen mit Grünkern und Dinkel. 1990 waren das für viele echte Neuigkeiten, denn aus den Lebensmittelgeschäften war dieses Getreide völlig verschwunden, man wurde nur in wenigen Reformhäusern oder Bioläden fündig.

Inzwischen ist einiges anders geworden. Grünkern und Dinkel gehören einfach dazu und sind fast überall erhältlich. Die Produktion hat sich erheblich ausgeweitet und die Erzeuger registrieren immer noch steigende Nachfrage. Immer mehr Vollwertköche suchen nach Rezepten mit dem gesunden und schmackhaften Getreide, so ist auch die Nachfrage nach diesem Buch geblieben und macht eine Neuauflage notwendig. Dafür habe ich den Text überarbeitet und vor allen Dingen noch einige leckere Kuchen- und Keksrezepte hinzugefügt.

Ute Rabe

Der Dinkel

Obwohl Dinkel als Getreide nicht mehr allzu bekannt ist, begegnet uns der Name noch in vielen Ortsbezeichnungen wie *Dinkelrode* oder *Dinkelsbühl* oder auch als Familiennamen wie *Dinkelmann* oder *Dinkelacker*. Die wenigen alten »Insider« kennen Dinkel unter verschiedenen Bezeichnungen, z. B. Spelz, Korn oder »die Kernen«, wovon sich der Name »Grünkern« ableitet. Die lateinische Bezeichnung lautet *Triticum spelta L.*

Dinkelkörner sind Weizenkörnern sehr ähnlich, wobei das Dinkelkorn etwas größer und schlanker ist als das Weizenkorn. Der Dinkel ist der nächste Verwandte des Weizens und lässt sich in der Küche auch ähnlich verwenden. Allerdings besitzt er einige Eigenarten (mehr dazu im Kapitel »Kochen mit Dinkel und Grünkern«, Seite 31).

Auch auf dem Feld ist der Dinkel dem Weizen sehr ähnlich. Wenn er nicht mit chemischen Halmverkürzern behandelt wird, erreicht er eine Höhe von bis zu 1,50 m. Dinkelbestände sehen etwas schütterer aus als Weizenfelder, und viele Sorten fallen schon von weitem durch ihre rotbraune Färbung auf. Die Ähren der heutigen Sorten sind sehr schlank und – im Gegensatz zu den früheren – unbegrannt, das heißt, sie besitzen keine steifen, widerhaarigen Borsten, so genannte Grannen. Unreife Ähren stehen senkrecht, bei der Reife senken sie sich in eine nickende Stellung ab. Eine Ähre besteht aus vielen kleinen Ährchen, die links und rechts der Ährenspindel angeordnet sind. Jedes dieser Ährchen enthält in der Regel zwei Körner. Sie sind von Spelzen umschlossen, die so fest zusammengewachsen sind, dass das Korn nicht ausfällt. Spelze und Korn sind jedoch nicht miteinander verwachsen.

Da die Ährenspindel sehr brüchig ist, zerfallen die Ähren leicht in die einzelnen Ährchen, die man *Vesen* nennt. Um speisefertigen Dinkel zu erhalten, müssen die Körner in der Mühle durch einen so genannten Gerbgang von den Spelzen befreit werden. Bei der Lagerung hingegen bieten die Spelzen einen willkommenen Schutz. Auch zur Aussaat, die im September und Oktober stattfindet, lässt man die Körner in den Spelzen. Das Getreide geht noch im Herbst auf und die Pflanze beginnt mit der Bestockung, das heißt, sie bildet erste Seitentriebe. Im Frühjahr setzt dann das eigentliche Wachstum ein. Jede Getreidepflanze bildet mehrere Ähren aus, die Ende Juli erntereif sind.

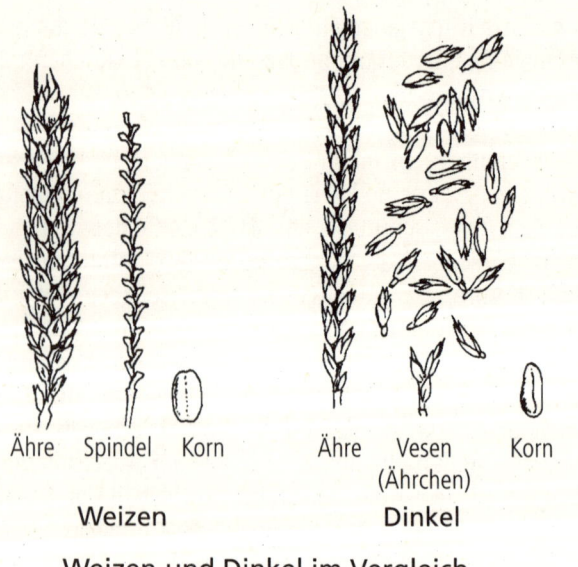

| Ähre | Spindel | Korn | | Ähre | Vesen (Ährchen) | Korn |

Weizen **Dinkel**

Weizen und Dinkel im Vergleich

Stiefkind der modernen Landwirtschaft

Weil sich Weizen und Dinkel so ähnlich sind, standen sie schon immer in Konkurrenz zueinander. Im Laufe des 20. Jahrhunderts hat der Weizen den Dinkel fast vollständig verdrängt. Diese Entwicklung wird verständlich, sobald man sich mit den Anbaumethoden beschäftigt, die durch die Eigenarten der beiden Pflanzen bedingt sind.

Dinkel besitzt gegenüber Weizen unbestreitbare Vorteile, er ist vor allem widerstandsfähiger. Er verträgt starken Frost und gedeiht sogar noch auf Gesteinsböden mit seichter Ackerkrume. Aufgrund dieser Eigenschaften eignet er sich für den Anbau in Höhenlagen bis zu 1000 m. Weizen verlangt dagegen ein milderes Klima und besonders ergiebige Böden. Dinkel ist sowohl gegen übermäßige Nässe als auch gegen Trockenheit unempfindlicher. Sein kräftiges Wurzelwachstum ermöglicht eine bessere Ausnutzung der vorhandenen Nährstoffe im Boden. Die fest verwachsenen Spelzen schützen die Körner vor Krankheiten, Vogelfraß und dem Auswachsen. Kräftige Blätter unterdrücken Unkraut.

Für die moderne Massenproduktion von Lebensmitteln wogen und wiegen heute noch die Nachteile des Dinkels allerdings schwerer, denn Dinkel ist weniger ertragreich als Weizen.

Mit konventionellen Anbaumethoden erzielt man bei Dinkel Erträge von 22 – 25 dz/ha entspelzter Ware, bei Weizen dagegen 70 dz/ha. Allein das ist ein verständlicher Grund dafür, dass nur dort Dinkel angebaut wird, wo wirklich kein Weizen mehr wächst. Außerdem erfordert die Beschaffenheit der Dinkelähre bei der Ernte und der Aufbereitung besondere Techniken. Früher schnitt man die Halme mit der Sichel und zog die

Ährenbündel noch auf dem Feld durch ein Reff, einen großen Kasten mit einem Kamm an der Oberkante. Die Ähren blieben in diesem Kamm hängen und fielen dann in den Kasten. Diese Arbeit war sehr anstrengend und zeitraubend. Die ersten Erntemaschinen, die zum Beginn des 20. Jahrhunderts aufkamen, z. B. Mähbinder, konnte man zur Dinkelernte nur schwer einsetzen, da die brüchigen Ährenspindeln bei dieser Technik zerfielen und auf diese Weise viel Getreide verloren ging.

Sehr umständlich ist auch das Entspelzen, das so genannte Gerben der Vesen. Der Spelzenanteil macht etwa 30 – 35 % des geernteten Dinkels aus. Um die Körner von ihrer Hülle zu trennen, muss eine Mühle mit einem so genannten Gerbgang ausgerüstet sein. Diese Spezialeinrichtung besteht wie eine normale Mühle aus zwei runden Steinen, von denen der untere feststeht und sich der obere dreht. Gerbmühlen haben besonders weiche Steine, die mit viel Fingerspitzengefühl so eingestellt werden müssen, dass der Abstand eng genug ist, um die Spelzen aufzubrechen, ohne die Körner zu beschädigen. In modernen Anlagen werden die Vesen von rotierenden Hämmern durch ein Sieb gepresst, das die Spelzen zurückhält. Das Getreide wird danach durch eine Reinigungsanlage geschickt, um Spelzen, Unkrautsamen und Steine auszusortieren.

Der Gerbgang entfällt beim Weizen völlig, weil die Weizenkörner lockerer in den Spelzen sitzen. Sie fallen bei den heutigen Erntemethoden schon im Mähdrescher heraus und müssen in der Reinigungsanlage nur noch von Verunreinigungen befreit werden. Der im Vergleich erhebliche Mehraufwand bei geringerem Ertrag führte dazu, dass der Dinkel im letzten Jahrhundert auch züchterisch immer mehr vernachlässigt wurde. Man züchtete stattdessen widerstandsfähigere Weizenarten und weitete den Weizenanbau durch Kunstdüngung und Pflanzenschutzmaßnahmen auch auf ungünstigere Standorte aus. Während des »Dritten Reichs« legte die Regierung allen Dinkelbauern in Deutschland nahe, an Stelle von Dinkel den ertragreichen Weizen anzubauen, um dadurch Versorgungsengpässen entgegenzuwirken.

Die Dinkelernte ist heute einfacher geworden. Man kann Dinkel wie Weizen mit dem Mähdrescher ernten. Dabei stört es nicht, dass die Spindel zerfällt. Die Vesen werden im Mähdrescher gesammelt und auf Wagen verladen, die sie dann in die Mühle bringen. Der Gerbgang ist allerdings unentbehrlich geblieben, und daran wird sich in Zukunft nichts ändern.

Auch von Seiten der Bäcker gibt es Einwände gegen Dinkel: Bei der mechanischen Teigverarbeitung hat sich Dinkel als ungeeignet erwiesen. Der Dinkelteig ist außerordentlich zäh und verklebt die Maschinen. Aus diesem Grund ist auch die Nachfrage der Bäcker nach Dinkel stetig zurückgegangen.

Unter diesen Umständen musste ein Landwirt verständlicherweise gut überlegen, ob sich der Dinkelanbau für ihn lohnte. Am leichtesten fiel positive Entscheidung noch in den traditionellen Anbaugebieten, wo die Gerbeinrichtungen bereits vorhanden waren. Diese Gebiete sind jedoch in Deutschland sehr klein; sie beschränken sich auf das »Bauland« um Boxberg und Bad Mergentheim und die Schwäbische Alb.

Ein Getreide mit
großer Vergangenheit

Hildegard von Bingen

Der wohl meistzitierte alte Quellentext über Dinkel stammt von der heiligen *Hildegard von Bingen*. Sie wurde 1098 als letztes von zehn Kindern in Bermersheim bei Alzey in Rheinhessen geboren. Im Alter von acht Jahren wurde sie der Gräfin Jutta von Sponheim zur Ausbildung übergeben, die sie zusammen mit einigen anderen Schülerinnen in Lesen und Schreiben, im Singen der Psalmen, in Handarbeit und in Musik unterrichtete.

Im Laufe der Zeit entwickelte sich aus dieser Schule ein Benediktinerinnenkloster und nach dem Tod der Meisterin im Jahre 1136 wurde Hildegard einstimmig zur Äbtissin gewählt. Einige Jahre später wurde dieses Kloster auf den Rupertsberg bei Bingen verlegt.

Schon im Kindesalter hatte sich bei Hildegard die Gabe der »Schau« bemerkbar gemacht, die sich später zu einem visionären Zustand entwickelte. Nach der Überlieferung erhielt sie von Gott einen konkreten Auftrag: »Schreib, was du siehst und hörst! Tu kund die Wunder, die du erfahren! Schreib sie auf und sprich!« Hildegard erschrak hierüber zutiefst und wollte sich scheu zurückhalten. Daraufhin jedoch wurde sie krank und war wie gelähmt. Erst als sie anfing zu schreiben, wurde sie wieder gesund. Im Jahre 1147 las Papst Eugen III. auf einer Synode aus ihren Schriften vor, wodurch ihre Gabe der Schau von höchster Stelle sanktioniert und Hildegard als *die* deutsche Mystikerin im gesamten Abendland berühmt wurde.

14

Ihr Leben widmete Hildegard von Bingen der Liebe zu Gott und zur Kirche. Um die vielen Nonnen unterzubringen, gründete sie in Eibingen oberhalb von Rüdesheim ein zweites Kloster. Neben ihrer schriftstellerischen Tätigkeit unterhielt sie Korrespondenzen mit insgesamt vier Päpsten und zahlreichen Kirchenfürsten und unternahm auch im hohen Alter von über siebzig Jahren noch ausgedehnte Missionsreisen.

Hildegard war nicht nur um das geistige Wohl ihrer Mitmenschen besorgt, sondern suchte auch nach Wegen, um den Kranken zu helfen. Sie war selbst oft krank und schrieb ihre Medizinbücher, um die Menschen auf die Heilkräfte der Natur aufmerksam zu machen. Erst in neuerer Zeit ist die Bedeutung ihrer medizinischen Erkenntnisse und Ratschläge wieder neu entdeckt und bestätigt worden. Ein zentraler Bestandteil der Hildegard-Medizin ist das Dinkelkorn, über das sie in ihrer *Physika* schreibt:

> *»Dinkel ist das beste Getreidekorn, es wirkt wärmend und fettend, ist hochwertig und gelinder als alle anderen Getreidekörner. Wer Dinkel isst, bildet gutes Fleisch. Dinkel führt zu einem rechten Blut, gibt ein aufgelockertes Gemüt und die Gabe des Frohsinns. Wie immer zubereitet ihr Dinkel esst – so oder so – als Brot oder als eine andere Speise gekocht, Dinkel ist mit einem Wort gut und leicht verdaulich.«*

Hildegard von Bingen starb am 17. September 1179 im Alter von 81 Jahren.

Die Geschichte

Als die Äbtissin Hildegard von Bingen sich Gedanken über den Dinkel machte, war dieser schon eine sehr alte Kulturpflanze. Im Kaukasus hat man in Siedlungen, die man ins 5. und 6. vorchristliche Jahrtausend datieren konnte, Reste von Dinkelährchen gefunden.

Durch Bodenfunde weiß man, dass Dinkel seit etwa 1900 v. Chr. auch in Mittel- und Nordeuropa angebaut wurde. Der Anbau weitete sich immer mehr aus. Dinkel wuchs meist zusammen mit anderen Getreidearten wie Weizen, Emmer oder Gerste.

Besonders interessant sind Gefäße aus der Bronzezeit (1100 – 800 v. Chr.), in denen man Essensreste gefunden hat. Damals kochte man Dinkel zusammen mit Linsen, Ackerbohnen oder mit anderem Getreide.

Geographisch beschränkte sich der Dinkelanbau in Mitteleuropa auf Südwestdeutschland und den Niederrhein. »Hochburgen« des Dinkelanbaus waren schon immer der Neckarraum und die Schweiz, also Gegenden mit einem rauen Klima und kargen Böden. Seit der Römerzeit gab es in diesen Gebieten Gehöfte, die auf Dinkelanbau spezialisiert waren.

Bemerkenswert ist, dass die Schweizer, deren Hauptbrotgetreide Dinkel war, im Spätmittelalter dieses Getreide aus Deutschland importierten. Dadurch erlebte der Anbau hier eine besondere Ausweitung. Als sich im 19. Jahrhundert die bäuerliche Gesellschaft zu einer Industriegesellschaft wandelte, bedeutete dies das Aus für den arbeitsaufwändigen Dinkelanbau: Der Dinkel passte nicht mehr in die immer schnelllebiger werdende Zeit und wurde vom Weizen in die kargen Landstriche zurückgedrängt. Besonders rasant wurde dieser Prozess

zum Beginn des 20. Jahrhunderts. Um 1960 kam der Dinkelanbau fast ganz zum Erliegen. Reste erhielten sich in der
Schweiz, im Bauland und in Belgien, wo Dinkel heute haupt-
sächlich an Jungvieh verfüttert wird.

In den verschiedenen Anbaugebieten wurden jeweils eigene
Sorten gezüchtet. So gibt es z. B. den *Bauländer Spelz*, den
Roten Tiroler und die besonders ertragreichen belgischen Sorten. In jeder Region ist man auf die eigene Sorte besonders
stolz und achtet streng darauf, wie das Saatgut verteilt wird.
Auf manchen Höfen, die ihr Saatgut selbst ziehen, haben sich
regelrechte »Hofsorten« herausgebildet.

Die Wiederentdeckung

In den letzten Jahrzehnten ist die Nachfrage nach Dinkel wieder
gestiegen.

Viele Verbraucherinnen und Verbraucher sind in Bezug auf ihr
»tägliches Brot« qualitätsbewusster geworden. Und die Qualität von Dinkel ist unbestritten sehr gut. Die Tatsache, dass
Dinkelteig sich maschinell nicht gut verarbeiten lässt, ist in
diesem Zusammenhang weniger wichtig, denn der zähe Teig,
der die Bäckereimaschinen verklebt, ist beim Kochen und Bak-
ken im Haushalt eher erwünscht. Im Hefe- oder Biskuitteig
hält der Dinkelkleber besonders viel Luft, wodurch das Gebäck lockerer wird. Auch Bratlinge werden durch kein anderes Getreide so gut zusammengehalten, was auf den hohen
Klebergehalt des Dinkels und dessen besonders gute Quellfä-
higkeit zurückzuführen ist.

Die meisten der neuen Verbraucherinnen und Verbraucher von
Dinkel bevorzugen Produkte aus biologischem Anbau; sie in-

teressieren sich dafür, wie das, was sie essen, produziert wird. Dinkel eignet sich besonders für einen Anbau ohne chemische Hilfsmittel. Die robuste, anspruchslose Pflanze gedeiht auch ohne die »Segnungen« der modernen Agrarchemie gut. Die fest verwachsenen Spelzen schützen das Dinkelkorn zudem vor Umweltgiften aus Luft und Regen. Allerdings nimmt auch Dinkel aus biologischem Anbau durch die Wurzel Gifte auf, die durch Luftverschmutzung und sauren Regen in den Boden gelangen. Dagegen hilft nur die Verringerung der Schadstoffemissionen bzw. noch besser deren Einstellung.

Seit es immer mehr Menschen gibt, die bereit sind, für biologisch erzeugte, hochwertige Lebensmittel einen entsprechenden Preis zu zahlen, lohnt es sich für die Bauern wieder, über Dinkelanbau nachzudenken. Problematischer wird es bei den Gerbmühlen. Manche Bauern haben sich schon zusammengeschlossen, um für ortsansässige Mühlenbetriebe einen Gerbgang anzuschaffen. Andere transportieren ihre gesamte Ernte über weite Strecken ins Stammland der Dinkelbauern, in die fränkische Region um Boxberg und Bad Mergentheim, um den Dinkel dort gerben zu lassen. Trotz dieser Schwierigkeiten wird der Dinkelanbau für manche wieder zum lohnenden Geschäft, da der Dinkel nicht nur im Endverbrauch neu entdeckt wird. Vielmehr bietet auch die alternative Lebensmittelindustrie immer mehr Produkte aus Dinkel an. Besonders Fertigmischungen für Suppen und Bratlinge und Brotaufstriche mit Dinkel werden immer beliebter. Auch Backwaren aus Dinkel haben sich inzwischen auf dem Lebensmittelmarkt etabliert.

Nach wie vor scheint der Trend hin zum Dinkel ungebrochen. Die Dinkelbauern registrieren immer noch steigende Nachfrage, besonders nach Bioprodukten. Auch außerhalb der traditionellen Anbaugebiete wagen sich immer wieder Biohöfe mit Erfolg an die Produktion von Grünkern und Dinkel.

Nachdem in der Vergangenheit ab und zu Versorgungsengpässe vorkamen oder aber übereifrige Bauern zu viel Dinkel und Grünkern produzierten, hat sich das Verhältnis von Angebot und Nachfrage in den letzten Zeit relativ stabil eingependelt. Das Angebot ist so das ganze Jahr über gut. Nur hin und wieder kommt es noch vor, dass Anfänger unter den Grünkernerzeugern ihren Dinkel zu lange auf dem Halm stehen lassen, bevor sie ihn verarbeiten. Dazu im nächsten Kapitel mehr.

Der Grünkern

Grünkern ist eine alte Spezialität aus Dinkel, die vor einiger Zeit erst wieder neu entdeckt wurde. Die erste urkundliche Erwähnung von Grünkern stammt aus dem 17. Jahrhundert. Seine Herstellung war schon immer ganz eng auf das Bauland, eine Landschaft im nordöstlichen Baden-Württemberg, beschränkt. Seit etwa hundert Jahren wird Grünkern vorwiegend für die Herstellung von Fertigsuppen verwendet. Aufgrund des gestiegenen Ernährungsbewusstseins sind die ganzen Körner inzwischen auch wieder als Endprodukt gefragt. Es ist eine starke Nachfrage nach biologisch erzeugter Ware festzustellen.

Da sich der Grünkern von dem Ausgangsprodukt Dinkel wesentlich unterscheidet, soll hier ein Blick auf seine Eigenarten und vor allem auf seine Herstellung geworfen werden.

Charakteristisches

Grünkernkörner sind dunkler als die sattgelben Dinkelkörner. Sie haben eine eigentümliche, grünbraune Farbe, die dem Grünkern auch zu seinem Namen verholfen hat. Das einzelne Korn ist etwas kleiner als ein Dinkelkorn und macht beim näheren Hinsehen einen etwas vertrockneten Eindruck. Grünkern ist viel härter als Dinkel, wird beim Kochen jedoch schneller gar. Er hat einen sehr würzigen Geschmack, was ihn besonders beim »Einstieg« in die Körnerküche so beliebt macht. Auf den ersten Blick könnte man annehmen, es handele sich um eine eigene Getreidesorte, die, wie Weizen oder Roggen, auf dem Feld wächst. Doch weit gefehlt!

Grünkern wird aus unreif geerntetem Dinkel hergestellt, der auf einer Darre, einer Vorrichtung zum Trocknen bzw. Rösten von Getreide, über Holzrauch getrocknet wurde. Die Grünkernernte ist noch heute ein Prozess, zu dem sämtliche Familienmitglieder hinzugezogen werden.

Auf den Zeitpunkt kommt es an

Der richtige Erntezeitpunkt ist die wichtigste Voraussetzung für die Herstellung von gutem Grünkern. Der Dinkel wird in der so genannten *Milch-* oder *Teigreife* geerntet. Das bedeutet, dass die Körner zwar schon ihre endgültige Größe haben, aber noch weich sind. Ähren und Halme sind noch grün und die Körner enthalten eine weiße, breiige Masse, die sich leicht herausdrücken lässt. Die Teigreife liegt etwa zwei bis drei Wochen vor der Vollreife der Dinkelkörner.

Die Grünkernernte beginnt, je nach Wetterlage, in der zweiten Julihälfte und dauert etwa zwei Wochen. In dieser Zeit sind die Bauern rund um die Uhr beschäftigt. Der Dinkel wird mit dem Mähdrescher geerntet. Dabei zerfallen die Ähren – ebenso wie im reifen Zustand – in die Vesen. Diese werden in Säcke abgefüllt oder direkt auf Wagen verladen und zur Darre transportiert. Wie viel Grünkern hergestellt werden kann, richtet sich allein nach der Kapazität dieser Darren, denn die grün geernteten Vesen sind nicht lagerfähig; sie müssen sofort weiterverarbeitet werden. Es ist daher außerordentlich wichtig, die kurze Erntezeit so gut wie möglich auszunutzen. Es werden regelrechte Terminpläne für die Gemeinschaftsdarren gemacht und alle verfügbaren Wagen werden untereinander ausgeliehen. Günstig ist es, wenn ein Bauer Dinkelfelder in verschiedenen Lagen hat, die nacheinander reifen. Auch durch unterschiedliche Düngung und die Staffelung der Aussaattermine kann man den Reifezeitpunkt beeinflussen und die Erntezeit dadurch etwas verlängern.

Ideales Erntewetter für Grünkern herrscht, wenn es etwas bedeckt ist, weil der Zustand der Teigreife dann besonders lange anhält. Wenn die Körner ein bestimmtes Stadium überschritten haben und anfangen, hart zu werden, lässt sich kein Grünkern mehr herstellen, da sie nach dem Darren gelb bleiben würden. Diese Felder lässt man dann voll ausreifen.

Alte Techniken ...

Grünkern wurde einst aus der Not heraus geboren. Um in verregneten Sommern das noch unreife Getreide vor dem Verfaulen zu bewahren, trocknete man es in Backöfen oder über einem Holzfeuer. Nichts anderes ist das so genannte Darren, und daran hat sich bis heute nichts geändert. Handdarren, wie sie heute noch in Betrieb sind, gibt es seit etwa 150 Jahren. Sie werden nur noch von ganz wenigen Bauern benutzt.

Alte Handdarren haben Ähnlichkeit mit einer Gartenlaube. Sie sind oft in den Hang gebaut und haben zwei Ebenen. Im unteren gemauerten Fundament befindet sich die Feuerstelle, darüber liegt der Raum mit der Pfanne, die aus perforiertem Eisenblech besteht. Ihre Abmessung beträgt etwa zwei mal vier Meter. Sie ruht auf einem gemauerten Sockel in der Mitte des Raumes und fasst etwa 150 kg Darrgut. Direkt darunter brennt ein offenes Holzfeuer, das durch ein Feuerloch in der hangabgewandten Seite des Fundamentes geschürt wird. Der Rauch und die Hitze des Feuers strömen durch die Löcher der

Pfanne. Damit der Rauch rundherum abziehen kann, ist das Dach auf Holzpfosten und Gitterstäben gebaut. Der frisch geerntete Dinkel kommt mit den Spelzen auf die Pfanne und muss nun etwa drei bis vier Stunden lang ständig gewendet werden. Die Schaufeln, die man dazu benutzt, haben Ähnlichkeit mit einem Schneeschieber. Meist sind es alte Familienerbstücke mit langer Tradition.

Auch das Feuerschüren ist eine richtige Kunst, da die Temperatur stets zwischen 120 °C und 150 °C liegen muss. Bei dieser Hitze verlieren die unreifen Körner an Feuchtigkeit, und das Eiweiß verkleistert; das Korn wird glasig und hart. Die Spelzen bewahren die Dinkelkörner auf der Darre vor dem Anbrennen. Trotz der hohen Temperatur kann man jederzeit in das Darrgut hineingreifen. Die Vesen fühlen sich angenehm warm an. Für die Qualität des Grünkerns ist es wichtig, dass nur Hartholz, d. h. Eichen-, Buchen- oder Obstbaumholz verfeuert wird.

Gegen Ende der Darrzeit wird mit der Hand geprüft, ob die Spelzen »stechen«. Auch eine Geschmacksprobe hilft festzustellen, ob der Grünkern gar ist. Er kommt dann von der Darre, muss auskühlen und wird anschließend – wie der Dinkel – durch eine Gerbmühle und durch Reinigungsanlagen geschickt. Fertiger Grünkern hat etwa ein Drittel seines ursprünglichen Gewichts verloren. Der Wassergehalt ist während des Darrens von ungefähr 50 auf 15 % gesunken. Nun sind die Körner lagerfähig und verderben nicht mehr.

1 Schürgang mit Holzfeuer
2 Freiraum unter der Darre
3 Sockel für das Darrblech
4 Darrblech
5 Türchen zur Temperaturregelung

Schematischer Aufbau einer Grünkerndarre

... und moderne Großanlagen

Vor etwa 40 Jahren begann man, sich Gedanken über die mechanische Grünkernerzeugung zu machen. Inzwischen gibt es eine Vielzahl maschineller Grünkerndarren unterschiedlichster Bauart. Vom Prinzip her lassen sich moderne Geräte in Flach- und Hochbehälter einteilen. Die folgenden, stark vereinfachten Schemazeichnungen veranschaulichen die unterschiedliche Arbeitsweise dieser Anlagentypen.

Die jeweiligen Hersteller haben die technischen Probleme im Detail auf unterschiedliche Art und Weise gelöst.

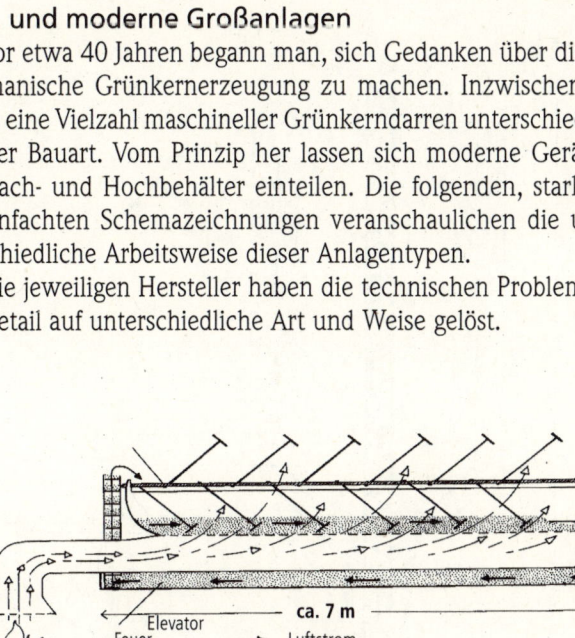

Muldentrockner

In den Flachbehältern wird das Darrgut durch ein Rührwerk in einer Wanne von einem Ende zum anderen befördert. Der Boden der Wanne ist perforiert, so dass ein Gebläse erhitzte Luft durch das Getreide blasen kann. Am Ende der Wanne gelangt das Darrgut in eine Transportvorrichtung, die es wieder zum Ausgangspunkt befördert. So wird das Getreide – ebenso wie auf der Handdarre – ständig bewegt.

Schnecke für den Umlauf

Darrgut

Warmluft
Abluft
Gutstrom

ca. 5 m

Warmluft

Zentralrohrtrockner

Bei den siloartigen Hochbehältern rieselt das Darrgut langsam durch ein ausgeklügeltes System von Schächten nach unten und wird durch Hebevorrichtungen wieder nach oben befördert. Erhitzte Luft wird gleichmäßig im Behälter verteilt. Beim abgebildeten Modell ist sowohl die Außenwand als auch die Wand der Innenkammer perforiert, so dass die Luft hindurchströmen kann. Das ist nicht bei allen Modellen so gelöst. Die Anlagen fassen, je nach Typ, 8 bis 15 dz und haben dementsprechend eine Trocknungszeit zwischen drei und acht Stunden.

Die ersten automatischen Grünkerndarren wurden direkt mit Öl beheizt. Da man jedoch bald feststellte, dass der Ölrauch den Grünkern verdarb, kehrte man schließlich wieder zum traditionellen Hartholzfeuer zurück.

In den heute benutzten Darren heizt man mit Holz und führt durch einen Wärmetauscher zusätzlich die Wärme einer Ölheizung zu. Es gibt inzwischen aber auch Großanlagen, die nur mit Holzfeuern betrieben werden. Der Rauch des Holzfeuers wird für die Geschmacksbildung als unerlässlich betrachtet; die Abgase der Ölheizung dagegen haben in der Darre nichts zu suchen.

In großen Anlagen mit erhöhter Kapazität ist das mühselige Schaufeln an der Handdarre überflüssig geworden. Aber immer noch muss der Bauer den richtigen Erntezeitpunkt festlegen, die Temperatur richtig steuern und durch Fühlen und Schmecken entscheiden, wann der Grünkern »von der Darre muss«. Hier wird die Technik den Menschen in absehbarer Zeit wohl nicht ersetzen können. Obwohl die Grünkernerzeugung heute in weiten Teilen mechanisiert ist, wird der Terminplan noch immer von der Natur vorgegeben, und die Güte des erzeugten Grünkerns hängt noch immer entscheidend von der jeweiligen Erfahrung des Bauern ab.

Die Qualität zählt

Die Qualitätsbestimmung von Grünkern ist eine äußerst komplizierte Angelegenheit, da seine Güte von vielen Faktoren abhängt. Zur Festlegung der Qualitätsklassen und somit auch des Preises gibt es die so genannte »Grünkernbonitierung«, das heißt eine Qualitätsbegutachtung. Sie wird von der *Vereinigung Fränkischer Grünkernerzeuger* durchgeführt, die eigens dazu unabhängige Boniteure anstellt. Deren Beurteilung ist für die Bauern, die ihren Grünkern über diese Vereinigung vermarkten, verbindlich.

Für die Einteilung des Grünkerns in Qualitätsstufen ist die Anzahl der enthaltenen grünen Körner ausschlaggebend. Der Ausstich mit 90 % ist die Spitzensorte, die nur von etwa 10 % einer Ernte erreicht wird. Die Sorten I, II und III enthalten je 80, 70 und 60 % grüne Körner. Alles, was darunter liegt, kommt nicht mehr als Grünkern in den Handel. Um größere Mengen möglichst gleichmäßiger Ware zu erhalten, werden die einzelnen Sorten vermischt.

Einkaufstipps

Die aufwändige Produktion von Dinkel und Grünkern macht die relativ hohen Preise für dieses Getreide verständlich. Am günstigsten ist es, biologisch erzeugte Ware direkt auf dem Bauernhof zu kaufen. Immer öfter haben auch Höfe, auf denen kein Dinkel angebaut wird, diese Produkte im Angebot.

Qualitativ hochwertige biologisch erzeugte Ware finden Sie in Reformhäusern und Naturkostläden. Auch in manchen Supermärkten wird inzwischen Grünkern angeboten, dort gibt es überwiegend konventionell und manchmal auch biologisch erzeugte Ware.

Bei Bio-Ware lohnt sich der Blick aufs Kleingedruckte. Nur wo »kontrolliert biologischer Anbau« draufsteht, ist auch »bio« drin. Bei Grünkern sollten Sie unbedingt auf die Qualität achten. Hin und wieder taucht Grünkern auf, der diesen Namen nicht verdient hat. Viel zu große, gelbbraune Körner lassen erkennen, dass der Dinkel bei der Ernte schon zu reif war und deshalb auch durch noch so intensives Darren nicht mehr zu Grünkern werden konnte.

Hier zwei Faustregeln für die Beurteilung:

1. Die Körner müssen einen unverkennbaren olivgrünen Schimmer aufweisen.

2. Die Körner müssen deutlich kleiner sein als die des Dinkels. Klar, denn ihnen wurde während des Darrens Flüssigkeit entzogen. Größenunterschiede können auch durch die Verwendung verschiedener Dinkelsorten auftreten. Besonders kleine Körner weisen auf die ursprüngliche Sorte »Bauländer Spelz« hin, die von den »Erfindern« des Grünkerns im Bauland noch immer absolut bevorzugt wird.

Am besten ist es, ganze Körner zu kaufen und diese selbst zu mahlen. Fertig abgepackte, gemahlene oder geschrotete Produkte sowie Flocken sollte man meiden, da Dinkel durch die Lagerung im gemahlenen Zustand Vitamine und andere Vitalstoffe verliert. Gemahlener Grünkern büßt seinen würzigen Geschmack sehr schnell ein. Außerdem werden für Grünkernmehl oder -grieß meist mindere Sorten verwendet. Ganze Körner halten monate-, ja sogar jahrelang. Wer keine eigene Mühle hat, kann das Getreide im Naturkostladen frisch mahlen lassen.

Die Qualität von Getreide wird durch die Reinigung beeinflusst. Dinkel und Grünkern können mit Flughafer, Samen von Klettenlabkraut, Wicken und Platterbsen und mit Knospen von Kamille verunreinigt sein. Schlecht gereinigter Dinkel enthält außerdem noch bespelzte Körner und natürlich kleine Steinchen, die in Haushaltsmühlen großen Schaden anrichten können. Das berüchtigte Mutterkorn kommt im Dinkel zum Glück kaum vor.

Obwohl bei all diesen Verunreinigungen außer Mutterkorn keine Vergiftungsgefahr besteht, wirken sie doch störend. Beim Kauf von besonders günstiger Ware, die oft schlecht gereinigt ist, sollte man sich darüber im Klaren sein, dass die Körner mühsam von Hand verlesen werden müssen.

Kochen mit
Dinkel und Grünkern

Dort, wo Dinkel früher angebaut wurde, hat man ihn wie Weizen verwendet. Man hat Brot daraus gebacken und auch die berühmten schwäbischen Spätzle wurden oft aus Dinkel hergestellt. Besondere Spezialitäten, die früher nur aus Dinkel gebacken wurden, sind »Knauzenwecken« und »Seelen«. Im Gegensatz zu konventionellen Bäckereien, bei denen Dinkel wegen seiner schlechten Maschinengängigkeit (und wohl auch wegen seines relativ hohen Preises) nicht sehr beliebt ist, findet er in der Biobäckerei viel Anklang. Hier wird weniger mit Maschinen gearbeitet und außerdem sind die Kunden eher bereit, einen höheren Preis zu akzeptieren.

Der Geschmack des Dinkels lässt sich nur schwer beschreiben. Manche halten ihn für kräftig und nussig, andere rühmen sein feines Aroma. Am besten probiert man ihn einfach selbst; dann wird man schnell feststellen, dass er anders schmeckt als Weizen und somit eine interessante Abwechslung darstellt.

In der Küche lässt sich Dinkel vielfältig einsetzen. Mit Dinkelmehl gebundene Suppen und Saucen werden besonders sämig, die weich gekochten Körner sind eine gute Beilage, und zum Backen eignet sich Dinkel hervorragend.

Zu den Inhaltsstoffen von Dinkel und Grünkern gibt es zwar einige Untersuchungen, die jedoch offensichtlich unter verschiedenen Voraussetzungen durchgeführt wurden. Auch zwischen den einzelnen Sorten bestehen ziemliche Unterschiede. Deshalb sind die Werte uneinheitlich und nur schwer zu vergleichen. Erwiesen ist jedoch, dass Dinkel einen besonders hohen Gehalt an Eiweiß und Kohlehydraten hat. Wertvoll sind auch die Mineralien und Spurenelemente des Dinkelkorns, vor allem Kalium, Magnesium und Eisen. In Bezug auf den Vitamingehalt lässt sich Dinkel durchaus mit dem als besonders vitaminreich geltenden Hafer vergleichen. Besonders wichtig für heranwachsende Kinder sind die Vitamine A und D. Am besten nutzt man diese natürliche Quelle, indem man Dinkel oft roh als Müsli isst. Allerdings eignet sich rohes Getreide nicht für Kinder unter zwei Jahren. Es löst im noch nicht voll entwickelten Verdauungstrakt Reaktionen aus, die sich zuerst durch Durchfälle bemerkbar machen und gefährliche Ausmaße annehmen können.

Die Frage, ob Dinkel aufgrund seiner anderen Eiweißbeschaffenheit eine Alternative für Menschen ist, die z. B. auf Weizeneiweiß allergisch reagieren, ist noch nicht endgültig geklärt. Bevor in einem solchen Fall eine »Selbstbehandlung« durchgeführt wird, sollte man ärztlichen Rat einholen.

Ungeeignet ist Dinkel für eine Ernährung bei Zöliakie/ Sprue. Grünkern enthält natürlich die gleichen Inhaltsstoffe wie Dinkel, bis auf die Vitamine, die leider beim Darren verlorengehen. Ein Vorteil gegenüber dem reifen Getreide ist jedoch, dass der Stärkeanteil noch in Form von Zuckerverbindungen des milchreifen Korns vorliegt. Dadurch ist Grünkern leichter verdaulich. Durch den Darrprozess werden auch die Mineralien in Verbindungen überführt, die der menschliche Organismus besonders leicht aufnehmen kann.

In der Küche verwendet man Grünkern etwas anders als Dinkel. Zum Backen eignet er sich nur bedingt, da ihm der Kleber fehlt. Im traditionellen Grünkerngebiet bereitete man schon immer Grünkernküchlein zu – eine Art Frikadelle, die dort

allerdings mit Speck und Dörrfleisch verzehrt wird. Grünkern-
suppen gab es im Bauland schon lange, bevor der Suppenwür-
fel erfunden wurde, und Grünkernklöße sind eine alte Spezialität.

In der modernen Vollwertküche werden Gemüsegerichte mit
ganzen Grünkernkörnern immer beliebter. Wer auf vegetarische Ernährung umstellt, wird dank des kräftigen Grünkern-
geschmacks bald vergessen, dass Fleisch einmal zu den Grund-
bestandteilen des Speiseplans gehört hat.

Übrigens sind Bedenken, dass Grünkern aufgrund seiner Pro-
duktionsweise mit Nitrosaminen belastet sein könnte, nicht
begründet: Untersuchungen haben gezeigt, dass die Werte mit
0,5 ppb an der unteren Nachweisgrenze liegen. Eine Gefahr
ist also nicht gegeben.

Zu den Rezepten

Falls nicht anders angegeben, sind die Rezepte für vier Personen berechnet.

Die Kochzeit der ganzen Körner lässt sich durch Einweichen erheblich reduzieren. Das gilt für Dinkel ebenso wie für Grünkern. Das Einweichwasser wird dabei mitverwendet, da sich darin wichtige Inhaltsstoffe lösen. Man sollte die Körner vor dem Einweichen auf einem Sieb kräftig abbrausen. Getreide, das gemahlen werden soll, darf natürlich nicht gewaschen werden, da die Feuchtigkeit die Mühle verkleben würde. Gekochtes Getreide in seiner ganzen Form ist dann gar, wenn die Körner aufplatzen. Danach sind auch die Kochzeiten in diesem Buch berechnet. Da jeweils die kürzesten Zeiten angegeben werden, sind die Körner für manche vielleicht noch etwas zu fest. Dann sollten sie je nach Geschmack einfach etwas länger gekocht werden. Zur Sicherheit nimmt man in diesem Fall etwas mehr Wasser, da die angegebene Wassermenge von den Körnern komplett aufgenommen wird. Da einige Rezepte keine komplette Mahlzeit bilden, stehen am Ende oft Hinweise, womit die Speisen kombiniert werden können.

Die Rezepte in diesem Buch enthalten keine Angaben über die Art der verwendeten Fette und Öle zum Dünsten oder Braten.

Hochwertige Margarine, Butter oder native Pflanzenöle können zum Dünsten von Gemüse verwendet werden. Auch zum Fetten von Kuchenblechen und Auflaufformen sind sie gut geeignet.

Butter oder unraffiniertes Sonnenblumen- oder Distelöl sollten jedoch in der Bratpfanne besser nicht verwendet werden.

Denn bei höheren Temperaturen können gesundheitlich bedenkliche Zersetzungsprodukte entstehen.

Olivenöl kann bis 180 °C problemlos erhitzt werden und auch Rapsöl ist hitzestabiler als andere Pflanzenöle. Zum Dünsten und Kochen sind beide Öle daher besonders gut geeignet.

Zum Braten und Frittieren sollten hingegen ungehärtete Plattenfette, z. B. Kokos- oder Palmkernfett verwendet werden. Diese Fette sind im Reformhaus und Naturkostladen in Bio-Qualität erhältlich. Fette mit gehärteten Fettanteilen sind dagegen ungeeignet.

Der besseren Übersichtlichkeit wegen sind die Rezepte mit einem Symbol gekennzeichnet, je nachdem, ob sie Grünkern oder Dinkel enthalten.

Dinkel   Grünkern

Beim Salz und den Gewürzen stellen die Mengenangaben jeweils nur Anhaltspunkte dar. Am besten findet man selbst heraus, was gut schmeckt.

Zu bedenken ist auch, dass manche Würzzutaten, z. B. Sojasauce oder Curry, bereits Salz enthalten. Das gleiche gilt für manche fertigen Kräutermischungen.

Bei einigen Rezepten können die benötigten Flüssigkeitsmengen von den Angaben abweichen, da verschiedene Haushaltsmühlen unterschiedliches Mehl mahlen. Weiches, flockiges Mehl aus einer Steinmühle saugt mehr Wasser auf als Mehl aus einem Stahlmahlwerk.

Suppen

Die Grünkernsuppe ist ein seit langer Zeit bekanntes Gericht. Früher kochten die Bäuerinnen kräftige, sättigende Eintöpfe mit ganzen Körnern. Bekannt sind auch Suppen, die mit Grünkernmehl oder -grieß gebunden werden. In Form des Suppenwürfels hat der Grünkern ja praktisch bis in unsere Tage »überlebt«.

Auch mit Dinkel lassen sich gute Körnersuppen kochen und mit Dinkelmehl gebundene Suppen werden besonders sämig. In diesem Kapitel gibt es Suppen für jede Gelegenheit – feine, zarte Vorsuppen ebenso wie deftige Eintöpfe, die sich schnell zubereiten lassen.

Sauerampfersuppe

40 g Sauerampfer
50 g Grünkern
Fett zum Rösten
800 ml Wasser
50 ml süße Sahne
Muskat
Meersalz

Den Sauerampfer hacken. Grünkern schroten und in Fett anrösten, mit dem Wasser ablöschen und 15 Minuten köcheln
lassen. Mit den Gewürzen abschmecken und Sahne unterrühren. Zum Schluss den Sauerampfer dazugeben.

Crouton-Grünkernsuppe

1 Knoblauchzehe
80 g Vollkornbrotwürfel
Fett zum Rösten
70 g Grünkern
800 ml Wasser
2 EL Sojasauce
Sahne

Knoblauch pressen, mit den Brotwürfeln in etwas Fett rösten und zur Seite stellen. Den Grünkern schroten. In einem Topf Fett erhitzen, Schrot kurz darin anrösten, mit Wasser ablöschen und 15 Minuten köcheln lassen. Sojasauce und Sahne dazugeben. Vor dem Servieren die Knoblauchcroutons über die Suppe streuen.

Grünkern-Cremesuppe

40 g Grünkern
20 g Dinkel
Fett zum Anschwitzen
800 ml Wasser
4 EL saure Sahne
½ TL Meersalz
½ TL Curry
½ TL Honig

Grünkern und Dinkel fein mahlen, in etwas Fett anschwitzen und mit Wasser ablöschen. Das Ganze aufkochen und 10 Minuten ziehen lassen. Saure Sahne unterrühren und mit Meersalz, Curry und Honig abschmecken.

Grünkern-Käse-Suppe

50 g Grünkern
Fett zum Anschwitzen
800 ml Wasser
100 g Appenzeller
1 Prise Pfeffer
½ TL Meersalz

Grünkern fein mahlen und in etwas Fett leicht anschwitzen. Mit Wasser ablöschen, aufkochen und 10 Minuten auf kleiner Flamme quellen lassen. Den Käse fein reiben, in die Suppe einstreuen und bei schwacher Hitze schmelzen. Die Suppe sollte nicht mehr stark aufkochen, da der Käse sonst gerinnen kann. Mit Pfeffer und Meersalz abschmecken.

Grießnockerln aus Grünkern

rohe Gemüsereste nach Wahl
1 l Wasser
Meersalz
(oder 1 l Instant-Gemüsebrühe)
Sojasauce
80 g Grünkern
20 g Dinkel
2 Eier
50 g Butter
1 Prise Meersalz
1 Bund frische Gartenkräuter

Gemüsereste in einem Liter Wasser 45 Minuten kochen lassen. Das Gemüse abseihen und die Brühe mit Sojasauce und Meersalz würzen. (Wenn es schnell gehen soll, kann auch eine Instant-Gemüsebrühe bereitet werden.)

Den Grünkern schroten und den Dinkel fein mahlen. Die Eier trennen und das Eigelb mit der Butter verrühren. Eiweiß zu Schnee schlagen und zusammen mit Dinkel und Grünkern unter die Buttermasse ziehen. Das Ganze leicht salzen. Die Gemüsebrühe zum Kochen bringen, mit einem Teelöffel Klößchen abstechen und zur Probe zunächst einen Kloß ins kochende Wasser geben – wenn er zerfällt, fehlt dem Teig noch etwas Dinkelmehl. Dann alle Klöße ins Wasser geben und die Nockerln insgesamt 5 Minuten ziehen lassen. Währenddessen Kräuter waschen und hacken und über die fertige Suppe streuen.

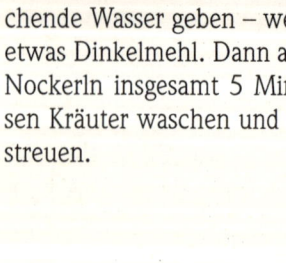

Grünkern-Hafer-Suppe

20 g Grünkern
40 g Hafer
Fett zum Rösten
800 ml Wasser
1 Prise Meersalz
1 Prise Pfeffer
1 Bund Petersilie zum Bestreuen

Grünkern und Hafer schroten und in heißem Fett goldbraun rösten. Mit Wasser ablöschen, aufkochen und 10 Minuten ziehen lassen. Mit Meersalz und Pfeffer abschmecken. Die Petersilie hacken und beim Anrichten die Suppe damit bestreuen.

Tomatensuppe

20 g Dinkel
30 g Roggen
Fett zum Anschwitzen
700 ml Wasser
4 Tomaten
1 Prise Meersalz
2 TL Kräuter der Provence
1 TL Zitronensaft

Das Getreide fein mahlen. In einem Topf Fett erhitzen, das Mehl anschwitzen, ablöschen und unter Rühren aufkochen. Kurz ziehen lassen. Die Tomaten mit heißem Wasser überbrühen, alle grünen Teile entfernen, enthäuten und klein schneiden. In die Suppe geben und noch einmal 5 Minuten köcheln lassen. Mit Meersalz, Kräutern und Zitronensaft abschmecken.

Klare Flockensuppe

50 g Grünkern
100 g Tofu
Saft einer Zitrone
1 Bund Sauerampfer
Fett zum Anschwitzen
800 ml Wasser
1 Prise Meersalz

Den Grünkern in ein Sieb geben, abbrausen, über Nacht stehen lassen und dann durch die Flockenquetsche geben. Tofu in Würfel schneiden und mit Zitronensaft beträufeln. Sauerampfer fein hacken. Die Grünkernflocken in Fett anschwitzen und mit Wasser ablöschen. Kurz und kräftig aufkochen und 5 Minuten köcheln lassen. Sauerampfer, Tofu und Meersalz hinzufügen. Sofort servieren.

○ **Tipp:** Grünkernflocken behalten in der Suppe ihre Form und werden nicht sämig. Die Brühe bleibt klar.

Spargelcremesuppe

100 g Spargel
1 TL Butter
700 ml Wasser
60 g Dinkel
1 EL Zitronensaft
1 Prise Meersalz
¼ TL Muskat
3 EL süße Sahne

Spargel waschen, schälen, in kleine Stücke schneiden und 20 Minuten zusammen mit der Butter im Wasser kochen. Dinkel fein mahlen und mit etwa einer halben Tasse Wasser anrühren. Spargelbrühe kräftig aufkochen und das Mehl einrühren, bis es dickt. Mit Zitronensaft, Meersalz und Muskat würzen und mit Sahne sämig rühren.

Kohlrabisuppe

60 g Dinkel
Fett zum Anschwitzen
800 ml Wasser
1 Prise Meersalz
80 g Kohlrabi
1 Bund Petersilie

Den Dinkel fein mahlen und in Fett anschwitzen. Mit Wasser ablöschen, aufkochen, 10 Minuten köcheln lassen und salzen. Kohlrabi reiben und Petersilie hacken. Beides in die Suppe rühren und sofort servieren.

Grünkern-Gemüse-Eintopf

200 g Grünkern
1200 ml Wasser
500 g Kohlrabi
400 g Brechbohnen
1 Zwiebel
400 g Möhren
1 Stange Lauch
1 Bund Sellerieblätter
2 EL Sojasauce
4 Scheiben Vollkorntoast
200 g Gouda

Grünkern über Nacht im Wasser einweichen. Das Gemüse putzen und klein schneiden, Selleriegrün und Lauch je nach Geschmack schneiden oder fein hacken. Zusammen mit dem Grünkern im Einweichwasser aufsetzen und 20 Minuten bei schwacher Hitze garen. Mit Sojasauce würzen.

Das Brot toasten und den Käse reiben. Die Suppe in eine Auflaufform füllen, mit dem getoasteten Brot bedecken und mit Käse bestreuen. Bei 200 °C im Backofen überbacken, bis der Käse schmilzt.

In feuerfesten Tassen kann die Suppe auch gleich portionsweise überbacken werden.

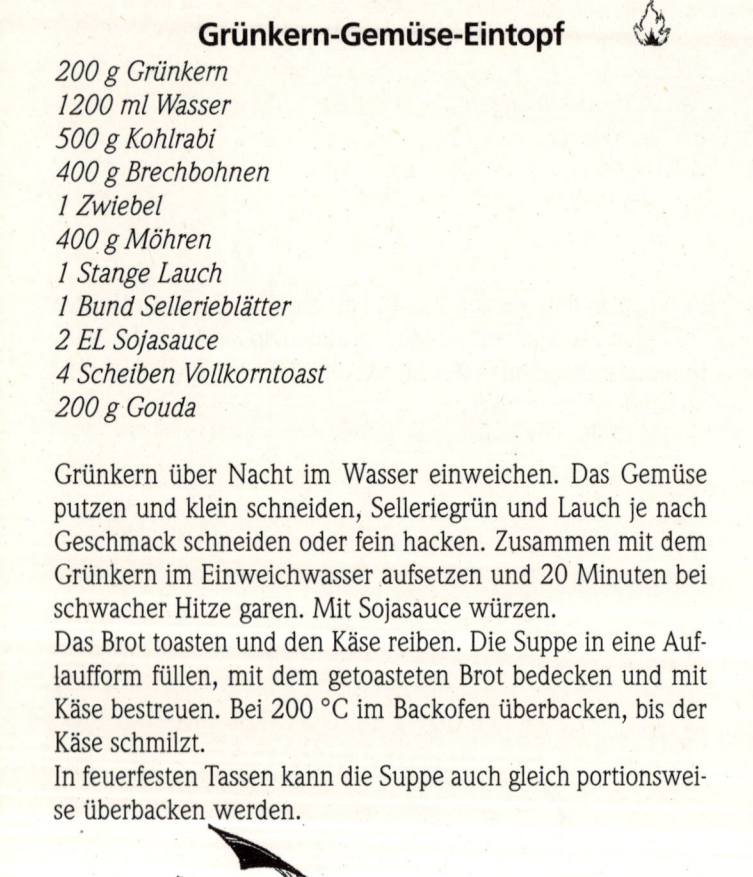

Schnitzensuppe

Schnitzensuppe ist ein sehr altes Gericht. In einem Rezept meiner Großmutter wird ein Stück Dörrfleisch mitgekocht, was einen interessanten Kontrast zu dem süßen Dörrobst ergibt. Die vegetarische Variante mit Grünkern ist mindestens ebenso gut!

100 g Grünkern
100 g getrocknete Apfelschnitze
50 g Rosinen
50 g Dörrpflaumen
1 l Wasser
1 Prise Meersalz
1 TL Zimt
½ TL Agar-Agar

Grünkern über Nacht einweichen. Trockenobst und Grünkern abspülen und zusammen in Wasser 20 Minuten garen. Mit Meersalz und Zimt abschmecken. Agar-Agar unterrühren und noch einmal aufkochen. Etwa 5 Minuten stehen lassen, bis das Agar-Agar etwas dickt.

Diese Suppe schmeckt warm als sättigendes Hauptgericht, aber auch als Kaltschale.

Salate

In den letzten Jahren wurden bunte Salate mit ganzem, gekochtem Getreide immer beliebter. Im Bauland, der Heimat des Grünkerns, gehören Salate aus ganzen Grünkernkörnern zu den traditionellen Speisen.

Mit den passenden Zutaten kombiniert, schmecken Dinkelsalate eher mild, während Grünkernsalate eine ausgesprochen kräftige Note haben. Hier gibt es nahezu unzählige Variationsmöglichkeiten.

Oft wird empfohlen, die Körner einige Zeit in der Salatsauce ziehen zu lassen, was bei Dinkel auch sinnvoll erscheint, weil er hierdurch an Würze gewinnt. Beim Grünkern allerdings überdeckt der Geschmack der meist säuerlichen Sauce schnell den typischen Grünkerngeschmack, auf den es ja gerade ankommt. Aus diesem Grund sollten Grünkernsalate erst kurz vor dem Servieren angemacht werden. Auch Zutaten wie Käse, Tomaten oder rohe Champignons sollten erst kurz vor dem Essen unter den Salat gemischt werden.

Kartoffelsalat

150 g Grünkern
250 ml Wasser
1 kg Kartoffeln
1 Bund Schnittlauch
5 EL Sauerrahm
5 EL Joghurt
1 EL Zitronensaft
1 EL Sojasauce
1 Prise Meersalz
2 TL Curry

Grünkern abbrausen und über Nacht in Wasser einweichen. Kartoffeln waschen und mit der Schale 30 Minuten kochen, Grünkern 20 Minuten im Einweichwasser kochen. Kartoffeln schälen und in Scheiben schneiden. Schnittlauch hacken und mit den übrigen Zutaten zu einer Sauce verrühren. Sobald der Grünkern und die Kartoffeln ausgekühlt sind, werden alle Zutaten miteinander vermischt.
Wer möchte, kann auch noch eine gehackte Zwiebel dazugeben.

○ **Tipp:** Dieser Kartoffelsalat ergibt z. B. zusammen mit Bratlingen eine Hauptmahlzeit.

Obstsalat

140 g Dinkel
200 ml Wasser
150 g Erdbeeren
150 g Bananen
3 EL Zitronensaft
2 TL Honig
1 Prise Meersalz

Dinkel abbrausen und über Nacht im Wasser einweichen. Die Körner 45 Minuten im Einweichwasser garen und abkühlen lassen. Erdbeeren waschen und putzen, Bananen schälen und klein schneiden. Aus Zitronensaft, Honig und Meersalz eine Sauce bereiten, Dinkel und Obst mischen und mit der Sauce übergießen.

Grünkernsalat mit Käse

200 g Grünkern
400 ml Wasser
1 rote Paprika
1 grüne Paprika
140 g Tilsiter Käse
1 Knoblauchzehe
6 EL Joghurt
2 TL Curry
½ TL scharfer Senf
½ TL Honig

Grünkern über Nacht einweichen und im Einweichwasser 20 Minuten kochen. In dieser Zeit die Paprika entkernen und in kleine Würfel schneiden. Käse ebenfalls würfeln. Knoblauch pressen und mit Joghurt und Gewürzen zu einer Sauce verrühren. Den abgekühlten Grünkern mit den übrigen Zutaten zu einem Salat mischen. Sofort servieren.

○ **Tipp:** Dazu passen ein Butterbrot oder Kartoffeln mit Bratlingen. Natürlich eignet sich dieser Salat auch für Parties und für das kalte Buffet.

Krautsalat

70 g Grünkern
160 ml Wasser
1 rote Paprika
200 g Weißkohl
2 EL Öl
3 EL Zitronensaft
1 Prise Pfeffer
1 Prise Meersalz

Grünkern über Nacht einweichen und im Einweichwasser 20 Minuten garen. Paprika waschen und putzen, Weißkohl hobeln. Aus Öl, Zitronensaft, Pfeffer und Meersalz eine Sauce herstellen. Grünkern mit Paprika und Kohl mischen und mit der Sauce übergießen.

Milder Dinkelsalat

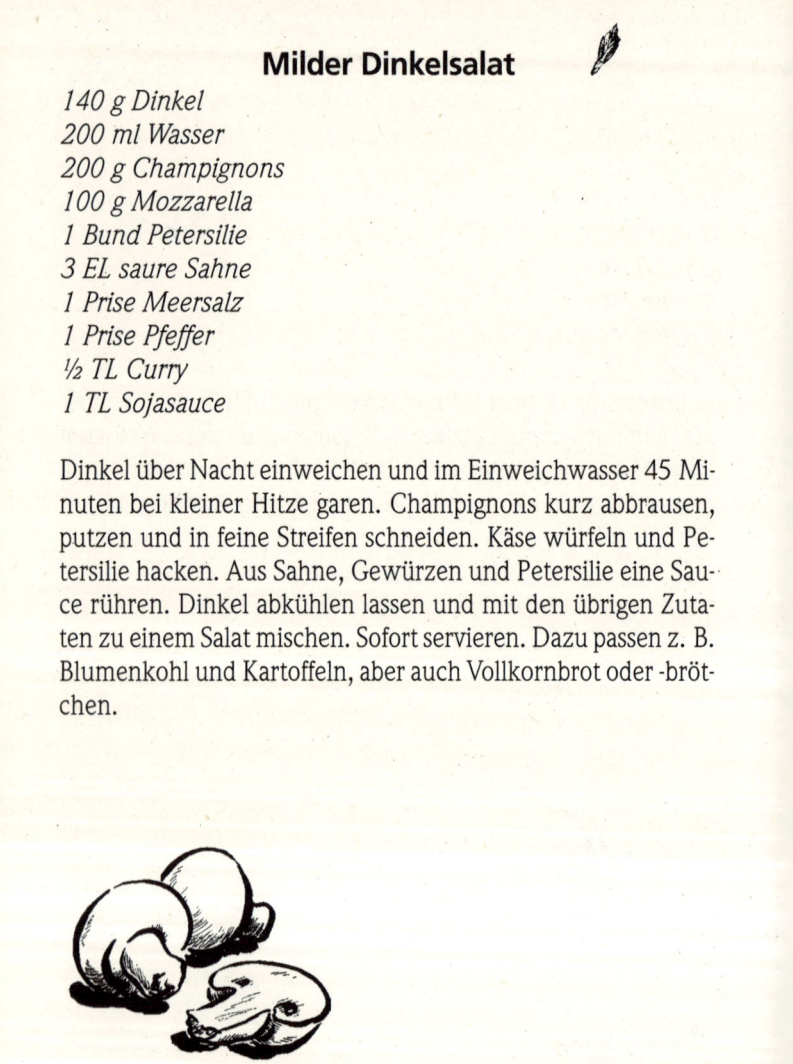

140 g Dinkel
200 ml Wasser
200 g Champignons
100 g Mozzarella
1 Bund Petersilie
3 EL saure Sahne
1 Prise Meersalz
1 Prise Pfeffer
½ TL Curry
1 TL Sojasauce

Dinkel über Nacht einweichen und im Einweichwasser 45 Minuten bei kleiner Hitze garen. Champignons kurz abbrausen, putzen und in feine Streifen schneiden. Käse würfeln und Petersilie hacken. Aus Sahne, Gewürzen und Petersilie eine Sauce rühren. Dinkel abkühlen lassen und mit den übrigen Zutaten zu einem Salat mischen. Sofort servieren. Dazu passen z. B. Blumenkohl und Kartoffeln, aber auch Vollkornbrot oder -brötchen.

Grünkern-Tofu-Salat

140 g Grünkern
200 ml Wasser
150 g Tofu
100 g Essiggurken
1 Knoblauchzehe
3 EL Zitronensaft
2 EL Öl
1 Prise Meersalz

Grünkern über Nacht einweichen und im Einweichwasser 20 Minuten garen. Tofu und Essiggurken klein schneiden. Die Knoblauchzehe pressen. Mit Zitronensaft, Öl und Meersalz zu einer Salatsauce verrühren. Den abgekühlten Grünkern mit den übrigen Zutaten mischen.

Deftiges

Hier finden Sie eine reiche Auswahl an Hauptgerichten – die Palette reicht von »raffiniert« bis »schnell gemacht«. Gerade aus Grünkern lassen sich in kurzer Zeit deftige Aufläufe zubereiten, so dass das Alltagsessen mit Ihren Lieben zum Festschmaus wird.

Eine sehr alte Spezialität sind Grünkernklöße. Den besonderen Dinkelkleber nutzte man in den Anbaugebieten schon immer, um Nudeln ohne Ei herzustellen.

Am Ende des Kapitels steht eine kleine Auswahl von Brotaufstrichen. Während Aufstriche mit Dinkel besonders cremig werden, haben Grünkern-Aufstriche einen sehr würzigen Geschmack.

Flockenpfanne

300 g Dinkel
500 g Champignons
2 kleine Zwiebeln
Fett zum Anbraten
1 Becher saure Sahne
1 Prise Meersalz
1 TL Honig
2 TL Basilikum

Dinkel auf einem Sieb abbrausen, über Nacht stehen lassen und durch die Flockenquetsche geben. Champignons waschen und putzen, Zwiebeln schälen und in Ringe schneiden. Zunächst die Zwiebeln in Fett anbraten. Die Champignons dazugeben und bei starker Hitze unter ständigem Rühren etwa 10 Minuten garen. Flocken hinzufügen und kurz mitrösten. Saure Sahne, Meersalz, Honig und Basilikum untermischen.

Gefüllte Champignonköpfe

150 g Dinkel
200 ml Wasser
1 Bund Schnittlauch
1 Prise Meersalz
400 g große Champignons
800 g Tomaten
200 g Edamer

Dinkel grob schroten, mit Wasser aufkochen und 15 Minuten quellen lassen. Schnittlauch hacken und zusammen mit Meersalz untermischen. Champignons waschen. Beim Putzen die Stiele herausdrehen und hacken, die Kappen ganz lassen. Die gehackten Stiele unter den Dinkelbrei mischen. Tomaten mit kochendem Wasser überbrühen, abziehen, klein schneiden und in einer Auflaufform verteilen. Die Dinkelmasse in die Pilzköpfe füllen und auf die Tomaten setzen. Den Auflauf bei 200 °C mit geschlossenem Deckel 30 Minuten backen. Käse reiben, darüberstreuen und das Gericht noch 5 Minuten ohne Deckel weiterbacken.

○ **Tipp:** Zu festlichen Anlässen kann man pro Person einen Pilzkopf – auf einem Dessertteller schön angerichtet – als Vorspeise reichen.

Kohlrabiauflauf

1 kg Kohlrabi
400 g Grünkern
800 ml Wasser
2 TL Curry
400 g Edamer

Kohlrabi putzen, klein schneiden und in wenig Wasser 20 Minuten dämpfen. Grünkern grob schroten und im Wasser aufkochen. Das Ganze 15 Minuten quellen lassen und dann mit Curry würzen. Den Käse reiben. Grünkern und Kohlrabi in eine gefettete Auflaufform schichten und mit Käse bestreuen. Bei 200 °C 5 Minuten überbacken.

Gefüllte Gemüsezwiebeln

200 g Grünkern
400 ml Wasser
1 Prise Meersalz
2 EL Sojasauce
2 TL Curry
2 TL Paprika
½ TL Muskat
4 Gemüsezwiebeln
700 g Tomaten
2 TL italienische Kräuter
2 EL süße Sahne

Grünkern grob schroten, in Wasser aufkochen, würzen und 15 Minuten quellen lassen. Gemüsezwiebeln schälen und aushöhlen, so dass noch zwei Schichten stehen bleiben, und das Innere hacken. Die Tomaten mit heißem Wasser überbrühen und abziehen. Die Hälfte der gehackten Zwiebeln unter die Grünkernmasse mischen und die Zwiebeln damit füllen. In einen gefetteten Bratentopf setzen und die Tomaten sowie die übrigen Zwiebelwürfel hinzufügen. Stark ankochen und die Temperatur etwas drosseln, sobald eine Dampffahne erscheint. 40 Minuten bei schwacher Hitze dämpfen. Zwiebeln heraus nehmen und die Sauce mit Sahne und Kräutern abrunden.

○ **Tipp:** Dazu passen z. B. Spätzle und Reis.

○ **Tipp:** Werden die Zwiebeln nur 25 bis 30 Minuten gegart, sind sie noch knackig.

Zwiebelpizza

Diese Pizza macht ganz wenig Mühe.

400 g Dinkel
380 g Joghurt
1 Würfel Hefe
1 Prise Meersalz
600 g Tomaten
500 g Zwiebeln
350 g Gouda
Fett für das Blech
200 g Oliven

Dinkel fein mahlen und mit Joghurt, Hefe und Meersalz zu einem festen Teig kneten, der sich von den Händen löst. Mit einem Tuch bedeckt 30 Minuten gehen lassen. Tomaten waschen, alle grünen Teile entfernen und klein schneiden. Zwiebeln schälen, in Ringe schneiden und in wenig Wasser 10 Minuten dämpfen; Wasser abschütten. Den Käse raspeln. Den Teig auf einem gefetteten Blech dünn ausrollen, nochmals gehen lassen und bei 200 °C 15 Minuten vorbacken. Mit Tomaten, Zwiebeln, Käse und Oliven belegen und 10 Minuten fertig backen.

Brokkolitorte

Das Rezept reicht für eine große Springform

750 g Brokkoli
300 g Grünkern
375 ml Wasser
120 g Butter
6 Eier
1 Prise Meersalz
Fett für die Form
250 g Emmentaler
80 ml süße Sahne
2 TL Curry
1 Prise Muskat

Brokkoli waschen, putzen, klein schneiden und in etwas Wasser 10 Minuten dämpfen. Den Grünkern grob mahlen. Wasser aufkochen, Schrot hineinstreuen, das Ganze verrühren und ohne Hitze quellen lassen. Butter und Eier schaumig rühren, den gequollenen Grünkern unterarbeiten und das Ganze salzen. Eine Form fetten und den Teig darin verteilen. Bei 200 °C 20 Minuten backen. Währenddessen den Käse reiben und mit Sahne und Gewürzen mischen. Brokkoli und Käsemasse auf dem vorgebackenen Teig verteilen und noch 10 Minuten bei 150 °C weiterbacken. Heiß servieren.

Rosenkohl auf Grünkern

Das Rezept reicht für eine große Springform

300 g Grünkern
750 g Rosenkohl
190 ml Milch
120 g Butter
4 Eier
½ TL Meersalz
1 Prise Muskat
1 TL Curry
Fett für das Blech
250 g Appenzeller
1 Ei
50 ml Milch
1 Prise Muskat
1 TL Paprika edelsüß
½ TL Meersalz
1 Prise Pfeffer

150 g Grünkern über Nacht mit Wasser bedeckt einweichen. Rosenkohl putzen und 30 Minuten in wenig Wasser dämpfen. Währenddessen den übrigen Grünkern schroten. Die Milch aufkochen, den Grünkern einrühren, Salz, Muskat und Curry hinzufügen und ohne Hitze quellen lassen. Butter und Eier schaumig rühren und den gequollenen Grünkern unterarbeiten. Den eingeweichten Grünkern abseihen und dazugeben. Eine Form fetten und die Masse darin verteilen. Bei 200 °C 20 Minuten backen. Käse reiben und mit Ei, Milch und Gewürzen mischen. Den gedämpften Rosenkohl eventuell klein schneiden. Zuerst den Kohl, dann die Käsemasse auf dem vorgebackenen Teig verteilen und 10 Minuten bei 150 °C weiterbacken. Heiß servieren.

Paprikapizza

Das Rezept reicht für eine große Springform
für den Teig:
400 g Dinkel
1 Würfel Hefe
100 g Butter
200 ml Milch
1 Prise Meersalz
Fett für die Form

für den Belag:
4 rote Paprikaschoten
1 Apfel
2 kleine Zwiebeln
1 Tasse Wasser
4 TL Kräuter der Provence
2 TL Paprika edelsüß
2 EL Sojasauce
300 g Gouda

Dinkel fein mahlen. Die Hefe über das Mehl krümeln und mit Butter, Milch und Meersalz zu einem glatten Teig verkneten. Mit einem Tuch bedeckt eine halbe Stunde an einem warmen Ort gehen lassen. In der Zwischenzeit Paprika, Äpfel und Zwiebeln putzen, klein schneiden und mit einer Tasse Wasser 20 Minuten dämpfen. Mit Kräutern, Paprika und Sojasauce abschmecken. Den Käse reiben.

Den Hefeteig in einer gefetteten Springform gleichmäßig verteilen. Bei 200 °C 20 Minuten vorbacken. Mit dem Gemüse und dem Käse belegen und 10 Minuten fertig backen.

Strudel mit Brokkoli

400 g Dinkel
4 EL Öl
120 ml Wasser
800 g Brokkoli
2 kleine Zwiebeln
Fett zum Anbraten
400 g Schweizer Käse
4 Eier
2 TL Curry
1 Prise Muskat
Fett für das Blech

Dinkel fein mahlen. Mit Öl und Wasser zu einem glatten Teig verkneten und eine halbe Stunde ruhen lassen. Bedingt durch den Feinheitsgrad des Mehls kann die benötigte Wassermenge variieren. Lassen Sie sich Zeit beim Kneten und arbeiten Sie so viel Wasser wie möglich ein, ohne dass der Teig an den Händen klebt. Brokkoli waschen, klein schneiden (Strunk und Blätter möglichst mitverwenden) und in wenig Wasser 10 Minuten dämpfen. Zwiebeln in Ringe schneiden und goldgelb braten. Den Käse reiben. Brokkoli abschütten und mit Zwiebeln, Käse und dem größten Teil der Eier mischen (etwa ½ Ei zurückbehalten). Mit Muskat und Curry würzen.

Den Strudelteig in zwei Hälften teilen und jede Hälfte auf einem bemehlten Brett so dünn wie möglich mit einem Nudelholz ausrollen. Die Füllung darauf verteilen, dabei die Ränder freilassen. Die beiden Strudel aufrollen, sorgfältig mit Ei verkleben und auf ein gefettetes Blech setzen. Bei 200 °C 30 Minuten backen. Zur Luftbefeuchtung eine Tasse Wasser in den Backofen stellen.

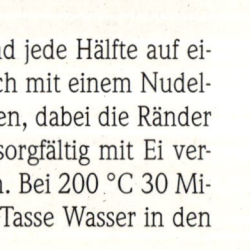

Dinkel-Gemüseallerlei mit Mandeln

500 g Dinkel
1 l Wasser
400 g Möhren
200 g Knollensellerie
400 g Blumenkohl
100 g Mandeln
100 g Gouda
1 EL Sojasauce
1 EL Zitronensaft
3 EL Joghurt
1 TL Honig

Dinkel über Nacht in Wasser einweichen. Mit dem Einweichwasser aufsetzen, stark ankochen und auf kleiner Flamme 30 Minuten garen. Das Gemüse putzen und klein schneiden. Möhren, Sellerie und Blumenkohl der Reihe nach in einen Topf schichten und etwas Wasser dazugießen. Stark ankochen und bei Erscheinen einer Dampffahne noch 25 Minuten auf kleinster Flamme garen.

Mandeln je nach Geschmack fein oder grob hacken. Käse reiben. Sojasauce, Zitronensaft, Joghurt und Honig mischen. Dinkel und Gemüse untereinander rühren, die Joghurtmischung unterheben und in einer Schüssel oder auf einer Platte anrichten. Mit dem Käse und den Mandeln bestreut servieren.

Gefüllte Paprika mit Dinkel

500 g Dinkel
1 l Wasser
4 grüne Paprika
5 mittelgroße Zwiebeln
4 EL Dinkelvollkornmehl
4 TL Kräuter der Provence
½ TL Meersalz
¼ TL Pfeffer
1 kg Tomaten

Dinkel über Nacht einweichen. Im Einweichwasser stark ankochen und auf kleinster Stufe 30 Minuten garen. Paprika
aushöhlen, Zwiebeln sehr fein hacken. Dinkelkörner, Dinkelmehl, Gewürze und die Hälfte der Zwiebeln mischen und in
die Paprikaschoten füllen. Tomaten zum Enthäuten mit heißem Wasser überbrühen, klein schneiden und mit den übrigen Zwiebeln in eine Auflaufform füllen. Paprika auf diese
Masse setzen und mit geschlossenem Deckel 45 Minuten bei
200 °C backen.

○ **Tipp:** Als Beilage zu diesem kräftigen Gericht eignen sich
Bratkartoffeln.

Grünkern-Kohlrouladen

1 mittelgroßer Wirsing (etwa 1 kg)
300 g Grünkern
400 ml Wasser
1 dicke Zwiebel
Fett zum Anbraten
2 Eier
2 TL Curry
½ TL Meersalz
2 TL Kräuter der Provence
½ Zitrone

Den Wirsingstrunk entfernen und die äußeren Blätter ablösen (14 – 16 Stück). Blätter waschen und in wenig Wasser mit dem Rest des Kopfes 10 Minuten kochen.
Grünkern schroten, im Wasser aufkochen und 15 Minuten quellen lassen. Zwiebel in Würfel schneiden und anbraten, Wirsing abtropfen lassen. Die Rippen der ganzen Blätter flachschneiden. Den Rest des Wirsings und die Rippen klein hacken. Mit Zwiebeln, Grünkern und Eiern vermischen und würzen. Blätter ausbreiten, die Füllung gleichmäßig darauf verteilen, einrollen und dicht nebeneinander in eine Deckelform setzen. Den Boden der Form mit Wasser bedecken und auf jede Roulade eine halbe Zitronenscheibe legen. Mit Deckel bei 200 °C 30 Minuten backen.

Dinkel mit Pinienkernen

280 g Dinkel
400 ml Wasser
100 g Lauch
Fett zum Anbraten
120 g Pinienkerne
1 TL Paprika
1 Prise Meersalz
1 Prise Muskat

Dinkel über Nacht einweichen und im Einweichwasser 30 Minuten garen. Lauch in feine Streifen schneiden und in Fett goldgelb rösten. Dinkel, Pinienkerne und die Gewürze dazugeben und kurz in der Pfanne schwenken. Sofort anrichten und servieren.

○ **Tipp:** Dazu passen Gemüsegerichte oder Kartoffeln.

○ **Variation:** Statt Lauch kann man auch Zwiebeln, statt der Pinienkerne auch gehackte Walnüsse verwenden. Paprika und Muskat können durch Curry und 2 EL Sojasauce ersetzt werden.

Grünkernklöße

250 g Grünkern
800 ml Wasser
2 kleine Zwiebeln
100 g Vollkornbrot
Fett zum Anbraten
1 Bund Petersilie
2 Eier
1 Prise Meersalz

Grünkern grob schroten. Wasser zum Kochen bringen, Grünkern einstreuen und 15 Minuten bei kleinster Flamme quellen lassen. Zwiebeln und Brot hacken und zusammen in Fett rösten. Petersilie hacken. Alle Zutaten mischen und daraus Klöße formen.

In einem großen Topf so viel Wasser erhitzen, dass alle Klöße darin frei schwimmen können. Sobald das Wasser sprudelt, die Klöße vorsichtig hineingleiten lassen und 5 Minuten ohne Deckel kochen. Hitze reduzieren und noch 10 Minuten mit Deckel ziehen lassen. Klöße mit einem Schaumlöffel aus dem Wasser nehmen und anrichten.

Dazu passen Gemüse wie Grünkohl oder Wirsing.

○ **Tipp:** Geben Sie nicht alle Klöße gleichzeitig ins Wasser, sondern warten Sie, ob der erste Kloß auseinander fällt. Sollte das der Fall sein, kneten Sie Vollkornsemmelbrösel unter den Teig, damit er fester wird.

Brandteigklöße

2 EL Butter
400 ml Milch
300 g Dinkel
8 Eier
1 Prise Pfeffer
1 TL Meersalz
2 TL Kräuter der Provence

Butter und Milch erhitzen. Dinkel fein mahlen und mit einem Kochlöffel in die kochende Flüssigkeit einrühren. Bei schwacher Hitze weiterkochen und rühren, bis sich am Topfboden eine weiße Schicht absetzt. Der Teig muss zäh und fest sein. Die Eier einzeln unter die heiße Masse rühren. Mit Meersalz, Pfeffer und Kräutern abschmecken und abkühlen lassen. Einen großen Topf mit Wasser zum Kochen bringen, mit 2 Löffeln Klößchen von dem Teig abstechen und diese ins Wasser gleiten lassen. Sobald sie hochkommen, die Hitze drosseln und noch 5 Minuten ziehen lassen.
Diese Klöße eignen sich sehr gut als Beilage zu Gemüse.

○ **Tipp:** Als Einlage für eine Gemüsebrühe zur Vorsuppe reicht die halbe Rezeptmenge.

○ **Variante:** Wenn man die Klöße statt mit Pfeffer und Kräutern mit einem Löffel Honig und etwas Zimt würzt, passen sie auch sehr gut zu Obst oder Kompott.

Dinkelspätzle

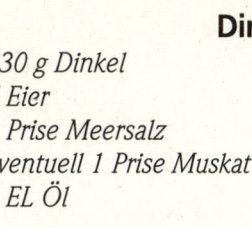

330 g Dinkel
5 Eier
1 Prise Meersalz
eventuell 1 Prise Muskat
1 EL Öl

Dinkel fein mahlen und mit Eiern und Gewürzen zu einem zähflüssigen Teig verrühren. In einem großen Topf reichlich Wasser zum Kochen bringen. Den Teig portionsweise in eine Spätzlepresse füllen und in das sprudelnd kochende Wasser geben. Etwa 3 Minuten kochen lassen, bis die Spätzle oben schwimmen. Das Wasser bei jeder Portion neu aufwallen lassen. Die Spätzle abtropfen lassen, etwas Öl untermischen und anrichten.

Dazu passen die verschiedensten Gemüse oder Bratlinge. Besonders lecker sind Spätzle mit Tomatensauce oder mit Käse überbacken.

○ **Variation:** 50 g des Dinkels durch Grünkern ersetzen.

Bandnudeln ohne Ei

Dinkel hat einen so hervorragenden Kleber, dass man daraus auch Nudeln ohne Ei herstellen kann. Dinkel ähnelt dem Hartweizen, aus dem italienische Teigwaren gemacht werden, die ebenfalls nur aus Grieß und Wasser bestehen. Das Rezept ist sehr einfach.

400 g Dinkel
4 EL Öl
120 ml Wasser

Dinkel fein mahlen und mit Öl und Wasser zu einem glatten Teig kneten, so viel Wasser wie möglich einarbeiten, ohne dass der Teig an den Händen klebt. Die benötigte Wassermenge kann variieren. Eine halbe Stunde ruhen lassen. Den Teig auf einem bemehlten Brett dünn ausrollen und in Streifen schneiden. In reichlich Meersalzwasser einige Minuten kochen.

○ **Tipp:** Beim Hineingeben der Nudeln muss das Wasser sprudelnd kochen, sonst lösen sich die Nudeln auf und verkleben.

Camembert im Grünkernmantel

40 g Grünkern
1 Ei
4 runde Camemberts
Fett zum Braten

Grünkern mittelgrob schroten und auf einen flachen Teller geben. Das Ei auf einem anderen Teller aufschlagen. Camembert zuerst in Ei und dann in Grünkernschrot wenden. In einer Pfanne Fett erhitzen und die Camemberts darin von beiden Seiten bei kleiner Flamme etwa 5 Minuten braten. Die Pfanne mit einem Deckel verschließen. Der Käse ist gar, wenn er sich leicht aufbläht.
Dazu passen Apfelmus oder Preiselbeerkompott und Vollkorntoast oder frische Brötchen.

Grünkernauflauf

300 g Grünkern
600 ml Wasser
800 g Blumenkohl
600 g Kartoffeln
200 g Gouda
400 g saure Sahne
2 Eier
1 Prise Muskat
1 TL Honig
3 TL Basilikum
Fett für die Form

Grünkern über Nacht einweichen und im Einweichwasser 20 Minuten garen. Blumenkohl putzen und in wenig Wasser 20 Minuten kochen. Kartoffeln ebenfalls garen und pellen. Gouda raspeln und mit Sahne, Eiern und Gewürzen verrühren. Kartoffeln durch eine Presse geben. In eine gefettete Auflaufform zuunterst die Kartoffeln und darauf Grünkern und Blumenkohl schichten. Die Käsemischung darauf verteilen und bei 200 °C 10 Minuten überbacken.

○ **Tipp:** Dieses Rezept eignet sich gut, um Reste zu verwerten. Kalte Zutaten brauchen aber mindestens 30 Minuten, um durch und durch warm zu werden. Eine Deckelform verwenden und den Käse erst während der letzten 10 Minuten über den Auflauf geben.

Resteauflauf

200 g Grünkern
500 ml Wasser
600 g gekochte Gemüsereste
300 g Gouda
1 Ei
2 TL Paprika edelsüß
1 Prise Muskat
Fett für die Form

Grünkern über Nacht einweichen und im Einweichwasser 20 Minuten garen. Abwechselnd mit den Gemüseresten in eine gefettete Deckelform schichten. Bei 200 °C 30 Minuten wärmen. Währenddessen Käse reiben und mit Ei und Gewürzen mischen. Über dem Auflauf verteilen und ohne Deckel noch 5 Minuten überbacken.

Gefüllte Teigtaschen

300 g Dinkel
3 Eier
2 – 3 EL Wasser
75 g Grünkern
225 ml Wasser
1 mittelgroße Zwiebel
Fett zum Anbraten
1 Prise Pfeffer
1 Prise Meersalz

Dinkel fein mahlen und mit Eiern und etwas Wasser zu einem festen Teig verkneten. Mit einem feuchten Tuch abdecken und ruhen lassen.

Grünkern schroten, in Wasser aufkochen und 15 Minuten quellen lassen. Zwiebeln fein hacken und goldgelb braten. Mit Pfeffer und Meersalz unter den Grünkern mischen. Den Teig noch einmal durchkneten und auf einem bemehlten Brett so dünn wie möglich ausrollen. Quadrate schneiden oder mit einem Trinkglas Kreise ausstechen. Ränder mit Wasser anfeuchten, in die Mitte einen Löffel der Füllung geben und die Kanten gut zusammendrücken. In einem großen Topf Wasser zum Kochen bringen, die Teigtaschen hineingleiten lassen und etwa 10 Minuten bei schwacher Hitze ziehen lassen.

Mit einer pikanten Sauce und einem Salat servieren.

Grünkerich

85 g Grünkern
150 ml Wasser
60 ml Öl
bei Bedarf ½ TL Meersalz

Grünkern fein mahlen, in einem Topf mit dem Wasser glatt rühren und unter Rühren 15 Minuten auf kleinster Flamme köcheln. Dadurch entsteht ein dicker Brei. Vom Feuer nehmen und das Öl unterarbeiten. Nach Geschmack etwas salzen.

Diese Grünkernpaste ist ein wunderbar würziger Brotaufstrich, der sich gekühlt etwa eine Woche hält. Sollte sich das Öl oben absetzen, einfach immer wieder unterrühren.

Durch verschiedene Gewürze oder die Beimengung anderer Mehlsorten kann man die Paste vielseitig variieren: z. B. die Hälfte des Grünkerns durch Sojamehl ersetzen. Bei dieser Variante braucht man etwas weniger Öl. Durch das Sojamehl entsteht ein ganz neuer, milderer Geschmack. Die Paste wird auch etwas zarter und glatter. Als Gewürze Curry, Kräuter der Provence und bei Bedarf Meersalz zufügen.

Dinkel-Minze-Aufstrich

150 g Dinkel
200 ml Wasser
½ TL Salz
1 Knoblauchzehe
eine Handvoll frische Pfefferminzblätter

Den Dinkel schroten, mit dem Wasser aufkochen und 15 Minuten quellen lassen. Ab und zu umrühren. Den Knoblauch schälen, durch die Presse geben und mit dem Salz zusammen gut zerdrücken. Die Pfefferminzblätter sehr fein hacken. Alles unter den Dinkelbrei mischen.

Indischer Grünkernaufstrich

50 g Grünkern
150 ml Wasser
1 TL Kurkuma
1 TL Kreuzkümmel (Cumin)
1 TL gemahlener Koriander
1 Prise Chilipulver
1 Prise Meersalz
2 – 3 EL Sojamehl
50 ml Öl

Den Grünkern fein mahlen und mit dem Wasser glatt rühren. In 15 Minuten bei kleinster Hitze zu einem dicken Brei köcheln lassen. Achtung: Gut rühren, der Brei hängt leicht an. Die Gewürze in einem Schälchen mischen. Zusammen mit dem Sojamehl und dem Öl unter den Grünkernbrei ziehen.

○ **Tipp:** Dieser Aufstrich hält sich gut gekühlt etwa eine Woche. Sollte sich etwas Öl absetzen, einfach nochmals gut durchrühren!

Bratlinge und Saucen

Im Bauland haben Bratlinge als »Grünkernküchle« (mit Speck oder Dörrfleisch zubereitet) Tradition.

Grünkern gibt Bratlingen einen würzigen, unverkennbaren Geschmack. Aber auch mit Dinkel kann man gute Ergebnisse erzielen. Wie bei den Breien gilt: Das Getreide ganz grob schroten!

Bratlinge lassen sich mit Gemüse, Kartoffeln oder Nudeln kombinieren.

Durch eine passende Sauce kommen Bratlinge erst richtig zur Geltung. Deshalb finden Sie in diesem Kapitel einige Saucen, die Sie natürlich auch mit anderen Gerichten kombinieren können.

Dinkel-Käse-Bratlinge

ergibt etwa 8 Bratlinge
300 g Dinkel
400 ml Wasser
Sojasauce
200 g Gouda
4 Zwiebeln
Fett zum Anbraten

Dinkel grob schroten, Wasser mit Sojasauce erhitzen. Schrot hineingeben, umrühren, einmal aufkochen lassen und zur Seite stellen. Den Käse sehr fein reiben und die Zwiebeln würfeln. Zwiebeln in Fett leicht bräunen und zusammen mit dem Käse unter den Dinkelbrei kneten. Bratlinge formen und in heißem Fett von jeder Seite etwa 3 Minuten braten.
Dazu passen Bratkartoffeln, Kartoffelpüree und/oder alle Sorten Gemüse. Eine Sauce rundet das Gericht ab.

Kichererbsenbratlinge

300 g Kichererbsen
3 l Wasser
100 g Grünkern
200 ml Wasser
1 Prise Salz
1 Prise Pfeffer
Saft einer Zitrone
Fett zum Braten

Die Kichererbsen über Nacht in der doppelten Menge Wasser einweichen. Das Wasser abgießen und in 3 l Wasser mindestens 2 Stunden kochen. Die Kichererbsen müssen sehr weich sein. Ein Schnellkochtopf verkürzt die Garzeit auf 1 Stunde. Den Grünkern grob schroten, in 200 ml Wasser aufkochen und 20 Minuten auf kleiner Flamme quellen lassen. Die gegarten Kichererbsen abschütten und mit einem Stampfer zerdrücken. Grünkern, Zitronensaft und Gewürze dazugeben und alles gut verkneten. Acht Bratlinge formen und von beiden Seiten braun braten.

○ **Tipp:** Dieses Rezept eignet sich auch zur Resteverwertung. Statt der Kichererbsen kann man übrig gebliebene Hülsenfrüchte verwenden. Etwas Flüssigkeit macht den Teig geschmeidiger, ein Ei hält ihn besser zusammen. Wenn der Teig zu flüssig sein sollte, kann dem mit Vollkornbröseln oder Haferflocken abgeholfen werden. 600 g gekochte Hülsenfrüchte entsprechen ungefähr 300 g Kichererbsen.

Hokkaidobratlinge

1 kg Hokkaidokürbis
200 g Grünkern
250 ml Wasser
1 Ei
1 Bund Petersilie
1 TL Salz
2 EL Sojasauce
1 EL Sherry-Essig
1 EL süße Sahne
1 TL Honig
Fett zum Braten

Kürbis aufschneiden, Kerne entfernen, den Kürbis schälen und klein schneiden. In einen Topf mit einem Fingerbreit Wasser geben, stark ankochen und ab Erscheinen einer Dampffahne 15 Minuten auf kleinster Stufe weitergaren. Das Wasser in einem Topf erhitzen, den Grünkern grob schroten und in das sprudelnde Wasser einrühren. Auf der ausgeschalteten Platte 10 Minuten quellen lassen. Dabei ab und zu durchrühren. Die Kürbismasse muss so gar sein, dass sie bei Druck zu Mus zerfällt. In diesem Stadium kann man sie gut unter den gequollenen Grünkernbrei mischen. Petersilie fein hacken und alle Zutaten mischen.
In einer großen Pfanne reichlich Fett erhitzen, mit einem großen Esslöffel den Bratlingsteig abstechen und mit einem zweiten in die Pfanne schieben.

Die Kunst bei diesen Bratlingen ist, das Fett so heiß zu halten, dass sich schnell eine Kruste bildet, sie dürfen aber auch nicht verbrennen. Keinesfalls zu früh wenden, da sie sonst zerreißen. Zuerst lassen sich die Bratlinge trotz reichlich Fett nicht verschieben. Wenn sich die Kruste gebildet hat, kann man sie mit dem Pfannenmesser gut hin und her schieben. Dann ist der richtige Zeitpunkt gekommen, die Bratlinge zu wenden und von der anderen Seite braun zu braten.

Die Bratlinge passen zu allen kräftigen Gemüsen und Saucen.

Dinkel-Kartoffel-Küchlein

180 g Dinkel
50 g weiche Butter
500 g gekochte Kartoffeln vom Vortag
20 g Hefe
200 ml lauwarme Milch
2 EL Honig
Anis, gemahlen
Muskatblüte, gemahlen
Zimt
ungehärtetes Pflanzenfett zum Ausbacken

Dinkel fein mahlen, die Butter schaumig rühren und das Mehl unterarbeiten. Kartoffeln fein reiben, Hefe in der Milch auflösen und alles zusammen – mit Honig und den Gewürzen – zu einem glatten Teig verrühren. Diesen zugedeckt an einem warmen Ort 15 Minuten ruhen lassen. Anschließend aus dem Teig flache Küchlein formen und in heißem Öl bei mäßiger Hitze von beiden Seiten langsam ausbacken.

○ **Tipp:** Die Beilage zu den Dinkel-Kartoffel-Küchlein sollte herb-süß ausfallen. Sehr zu empfehlen sind nicht zu süße Marmeladen aus Hagebutten oder Sanddorn.

Klassische helle Sauce mit Grünkern

30 g Dinkel
50 g Grünkern
Fett zum Anschwitzen
500 ml Wasser
6 EL süße Sahne
½ TL Meersalz
½ TL Honig
1 Prise Muskat

Getreide fein mahlen. Fett in einem Topf erhitzen und das Mehl darin anschwitzen. Wasser unter ständigem Rühren in drei Portionen dazugeben und dabei darauf achten, dass das Mehl jedes Mal andickt. Sahne, Salz, Honig und Muskat dazugeben.
Die Sauce passt zu feinem Gemüse, etwa zu Erbsen und Möhrchen.

Grünkern-Hirse-Sauce

60 g Grünkern
40 g Hirse
Fett zum Anschwitzen
500 ml Wasser
½ TL Meersalz
1 TL Curry
1 Prise Muskat

Getreide fein mahlen. In Fett anschwitzen und unter ständigem Rühren nach und nach das Wasser dazugeben. Mit den Gewürzen abschmecken.

Greyerzer Käsesauce

60 g Dinkel
200 g Greyerzer
Fett zum Anschwitzen
500 ml Wasser

Dinkel fein mahlen und Käse reiben. In einem Topf Fett erhitzen und das Dinkelmehl kurz anschwitzen. Wasser in 3 Portionen unter ständigem Rühren mit dem Schneebesen dazugeben. Jedes Mal aufkochen lassen, damit das Mehl andickt. Zum Schluss den Käse einrühren und schmelzen lassen.

Der Greyerzer Käse hat zwei Eigenschaften, die für diese Sauce wichtig sind: Er schmilzt zu einer wunderbar cremigen Masse und er ist sehr würzig. Zusammen mit dem feinsäuerlichen Dinkelaroma ergibt sich ein Geschmack, der durch kein zusätzliches Gewürz überdeckt werden sollte.
Diese Sauce passt besonders gut zu feinem Gemüse, z. B. zu Spargel oder Blumenkohl.

Basilikumsauce

60 g Dinkel
Fett zum Anschwitzen
500 ml Wasser
1 Bund Basilikum
4 EL Quark
½ TL Meersalz
1 TL Honig

Den Dinkel fein mahlen. Mit Fett, Mehl und Wasser eine Mehl-schwitze herstellen. Basilikum hacken. Quark, Meersalz, Honig und das gehackte Basilikum einrühren.
Basilikum entfaltet seinen typischen Geschmack in dieser Sauce erst durch die Spur Honig.

Tomatensauce

4 Tomaten
60 g Dinkel
Fett zum Anschwitzen
500 ml Wasser
1 Prise Meersalz
1 TL Honig
2 TL Oregano

Tomaten mit kochendem Wasser überbrühen, enthäuten und würfeln. Dinkel fein mahlen, in etwas Fett anschwitzen und das Wasser in drei Portionen dazugeben. Jedes Mal unter Rühren aufkochen, bis das Mehl andickt. Tomaten und Gewürze dazugeben und kurz mitköcheln lassen.

Mehlspeisen und Breie

In diesem Kapitel finden sich etliche Pfannkuchenrezepte. Dinkelpfannkuchen werden besonders knusprig, Grünkernpfannkuchen haben ein sehr kräftiges Aroma. Und natürlich lassen sich Grünkern und Dinkel untereinander oder auch mit anderen Mehlen gut mischen. Besonders locker und luftig werden aus Dinkelmehl bereitete Kaiserschmarren.

Am Ende stehen einige Breirezepte – eine sehr ursprüngliche Art, Getreide zu verzehren. Wegen des hohen Klebergehalts sollte hierfür immer sehr grob geschroteter Dinkel verwendet werden. Für Breie sollte das Getreide stets in Wasser gekocht werden; Milch als Kochflüssigkeit würde das Getreideeiweiß am Ausquellen hindern. Man kann sie später dazugeben.

Dinkelpfannkuchen mit Äpfeln

250 g Dinkel
4 Eier
400 ml Milch
3 EL Honig
2 TL Zimt
1 Prise Meersalz
600 g Äpfel
Fett zum Ausbacken

Dinkel fein mahlen und mit Eiern, Milch, Honig, Zimt und Meersalz zu einem dünnflüssigen Teig verrühren. Etwa 30 bis 60 Minuten quellen lassen. Die Äpfel entkernen, eventuell schälen und klein schneiden und unter den Teig mischen. Den Teig löffelweise in eine Pfanne mit heißem Fett geben und von beiden Seiten knusprig braten. Sofort servieren.

Grünkern-Dinkel-Pfannkuchen

125 g Grünkern
125 g Dinkel
400 ml Milch
3 EL Honig
1 Prise Meersalz
Fett zum Ausbacken

Das Getreide fein mahlen und mit den übrigen Zutaten gut verrühren. Mindestens 30 Minuten, besser 60 Minuten quellen lassen. In einer Pfanne Fett erhitzen und den Teig löffelweise hineingeben. Von beiden Seiten knusprig braten und sofort servieren.
Dazu passt Obst oder Kompott.

○ **Tipp:** Wer es besonders lecker haben möchte, kann zusätzlich Schlagsahne dazu reichen.

○ **Variation:** Honig weglassen und stattdessen mit Muskat würzen. Diese pikanten Pfannkuchen eignen sich als Beilage zu Gemüsegerichten.

Kaiserschmarren

Der traditionelle österreichische Kaiserschmarren lässt sich sehr gut aus Dinkelmehl herstellen.

4 Eier
200 g Dinkel
200 ml Milch
100 g Butter
3 EL Honig
1 Prise Meersalz
50 g Rosinen
Fett für die Form

Die Eier trennen, das Eiweiß zur Seite stellen. Den Dinkel fein mahlen und mit Milch, Butter, Eigelb und Honig zu einem Teig verrühren. Den Teig ganz leicht salzen. Das Eiweiß steif schlagen und langsam und vorsichtig mit einem Schneebesen unterheben. Den Teig sofort in eine flache gefettete Auflaufform füllen und mit Rosinen bestreuen. Bei 180 °C 15 – 20 Minuten backen. Den fertigen Schmarren mit zwei Gabeln aufreißen, damit er ausdampft, und sofort servieren.

○ **Tipp:** Wählen Sie eine Form, die so groß ist, dass der Teig nicht höher als ca. 3 cm darin steht; andernfalls ist der Schmarren innen noch flüssig, während er außen schon dunkel wird.

Hefeklöße

200 g Dinkel
1 Würfel Hefe
100 ml Milch
100 g Butter
2 Eier
2 EL Honig
1 Prise Meersalz
150 ml Milch
2 EL Vollrohrzucker

Den Dinkel fein mahlen und die Hefe in das Mehl krümeln. Mit Milch, Butter, Eiern, Honig und Salz zu einem glatten Teig kneten. Mit einem Tuch bedeckt an einem warmen Ort 30 Minuten gehen lassen. Acht Klöße formen, auf ein Brett setzen und nochmals gehen lassen.

Den Boden eines großen, flachen Bratentopfes mit Milch bedecken und mit Vollrohrzucker süßen. Die Milch zum Kochen bringen und die Klöße nebeneinander hineinsetzen. Mit Deckel auf kleinster Flamme 20 Minuten köcheln lassen. Den Deckel mit einem saugfähigen Geschirrtuch umwickeln.

Beim Garen bildet sich Dampf, der sich am Deckel niederschlägt und als Wasser zurück in den Topf tropft. Das Geschirrtuch saugt den Wasserdampf auf und verhindert, dass die Klöße zusammenfallen. Die Klöße auf einer Platte anrichten, mit zwei Gabeln kreuzweise aufreißen und eventuell mit Zimt bestreuen. Dazu passt Obst oder Vanillesauce.

○ Wegen Anbrenngefahr nie alleine garen lassen. Eventuell gegen Ende der Garzeit etwas lauwarme Milch nachfüllen.

Hafergrütze mit Grünkern

1 Stange Lauch
200 g Hafer
100 g Grünkern
Fett zum Anbraten
1 l Wasser
½ TL Meersalz
2 EL Sojasauce
1 TL Curry
2 TL Paprika edelsüß

Den Lauch waschen und in dünne Querstreifen schneiden. Hafer und Grünkern mittelgrob schroten. Fett in einem Topf erhitzen und den Lauch darin andünsten. Schrot dazugeben und leicht rösten. Mit Wasser ablöschen, aufkochen und 15 Minuten quellen lassen. Mit Salz, Sojasauce, Curry und Paprika abschmecken und sofort servieren.

Dieser Brei passt zu vielen Gemüsesorten. Man kann ihn aber auch als schnelles Hauptgericht ohne Beilagen essen.

○ **Tipp:** Verwendet man – bei gleicher Wassermenge – von allen anderen Zutaten nur die Hälfte, ergibt das eine gute Suppe.

○ Wer Hafer in der eigenen Mühle nicht schroten kann, kann natürlich auch Haferflocken nehmen. Lesen Sie im Zweifelsfall in der Gebrauchsanweisung Ihrer Mühle nach, ob sie für Hafer geeignet ist.

Süßer Dinkelbrei

300 g Dinkel
600 ml Wasser
3 TL Honig
1 Prise Meersalz
3 EL süße Sahne
Zimt nach Geschmack

Den Dinkel grob schroten und das Wasser erhitzen. Dinkelschrot einrühren, aufkochen, mit Honig und Meersalz würzen und etwa 25 Minuten auf kleinster Flamme quellen lassen. Zum Schluss die Sahne untermischen. Eventuell mit Zimt
abschmecken.
Zu diesem Brei passen alle Obstsorten, frisch oder als Kompott. Für Morgenmenschen, die sofort nach dem Aufstehen
schon genug Tatendrang zum Kochen verspüren, eignet sich
Dinkelbrei auch als Frühstück.

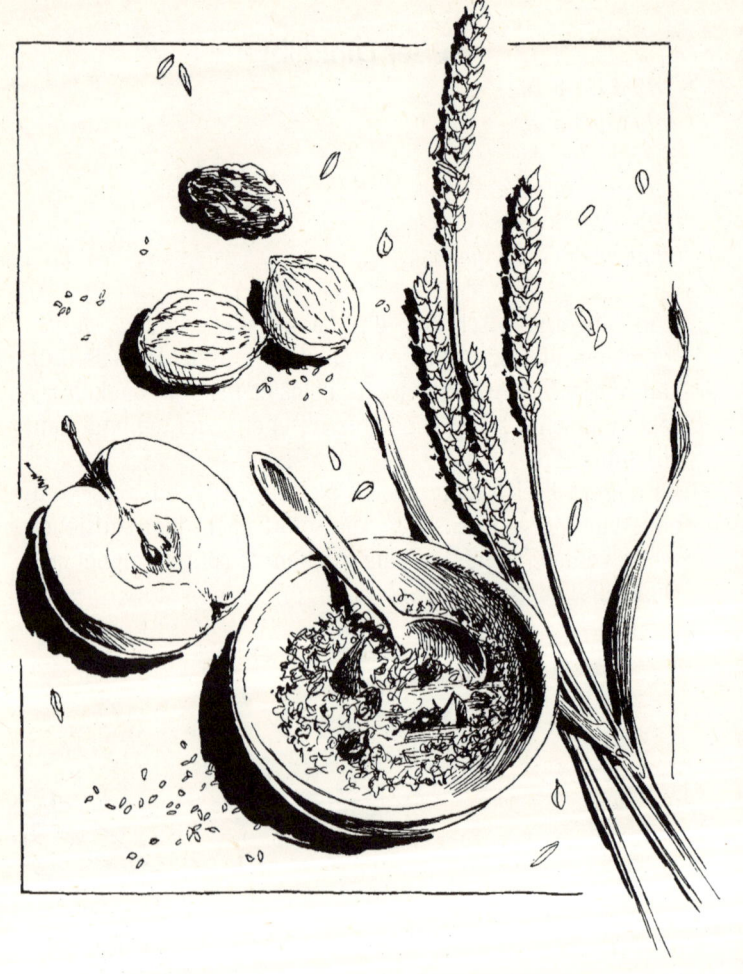

Müslis

Frischkornmüsli ist die einzige Form, in der man Getreide roh essen kann. Die Körner werden grob geschrotet und über Nacht eingeweicht. Der Schrot quillt auf und lässt sich dann gut kauen. Durch die Feuchtigkeit werden Enzyme aktiviert und chemische Prozesse in Gang gesetzt, die normalerweise den Keimvorgang einleiten. Dadurch wird das Getreide leichter verdaulich, und der Vitamingehalt steigt. Da beim Grünkern durch die frühe Ernte und die Wärmebehandlung die Keimfähigkeit verlorengegangen ist, eignet er sich nicht für Frischkornmüslis – er würde lediglich aufquellen. Dafür schmeckt ausgereifter Dinkel, wenn man ihn schrotet und einweicht, um so besser.

Einem unerwünschten Keimbefall während der Einweichzeit kann man vorbeugen, indem man das Müsli in den Kühlschrank stellt, da die schädlichen Keime niedrige Temperaturen nicht vertragen. Eine andere Möglichkeit zum Einweichen ist die Verwendung von Sauermilchprodukten, weil die darin enthaltenen Milchsäurebakterien andere Keime am Wachstum hindern. Frische Milch ist nicht geeignet, weil sie für Bakterien einen idealen Nährboden darstellt.

Eine Alternative zum Frischkornbrei sind Flockenmüslis, die am besten mit der eigenen Flockenquetsche frisch hergestellt werden. Hierzu braust man den Grünkern bzw. Dinkel mit Wasser ab und lässt die Körner über Nacht stehen; auf diese Weise zerbröseln die Flocken in der Quetsche nicht. Außer für Müslis eignen sich Flocken z. B. auch sehr gut als Suppeneinlage. Werden öfter Flocken verwendet, lohnt sich sicherlich die Anschaffung einer Flockenquetsche.

Frischkornmüsli

pro Person:
40 g Dinkel
50 ml Wasser
¼ TL Honig
2 EL Joghurt

Dinkel grob schroten, über Nacht in Wasser einweichen und am nächsten Morgen mit Honig und Joghurt verrührt servieren.

Müsli mit Kefir

pro Person:
40 g Dinkel
50 ml Kefir
1 TL Honig

Dinkel abends grob schroten, mit dem Kefir mischen und kühl stellen. Am nächsten Morgen mit Honig süßen.

Apfelmüsli

pro Person:
40 g Dinkel
50 ml Wasser
½ Apfel
¼ TL Honig

Dinkel grob schroten und über Nacht einweichen. Am nächsten Morgen den Apfel vom Kerngehäuse befreien und raspeln. Mit dem Dinkelbrei vermischen und mit Honig süßen.

Crunchy Nut

pro Person:
40 g Dinkel
50 ml Wasser
¼ TL Honig
50 g Walnüsse

Dinkel grob schroten und über Nacht einweichen. Am nächsten Morgen mit Honig süßen. Die Walnüsse hacken und darüber streuen.

Ayranmüsli

Ayran ist ein sehr erfrischendes Getränk aus der Türkei. Es wird aus Wasser und Joghurt hergestellt und leicht gesalzen. Wer es lieber herzhaft mag, kann das Frischkornmüsli darin einweichen.

pro Person:
40 g Dinkel
2 EL Joghurt
40 ml Wasser
1 Prise Meersalz

Dinkel grob schroten. Joghurt in Wasser gut verrühren und den Dinkelschrot über Nacht darin einweichen. Am nächsten Morgen leicht salzen.

Buttermilchmüsli

pro Person:
40 g Dinkel
50 ml Buttermilch
¼ TL Honig

Dinkel grob schroten und über Nacht in der Buttermilch einweichen. Am nächsten Morgen mit Honig süßen.

»Statt Abführpillen«

Durch den regelmäßigen Verzehr dieses Müslis kann eine chronische Verstopfung beseitigt werden. Es muss allerdings reichlich dazu getrunken werden, da der Leinsamen im Darm quellen soll. Dazu braucht er genügend Flüssigkeit.

40 g Dinkel
50 ml Wasser
1 Feige
2 Dörrpflaumen
Einweichwasser
2 EL Leinsamen
4 EL Joghurt

Dinkel grob schroten und über Nacht in Wasser einweichen. Die Feige und die Pflaumen ebenfalls einweichen. Morgens das eingeweichte Dörrobst schneiden, den Leinsamen schroten und alle Zutaten vermischen.

Torten und Kuchen

In diesem Kapitel finden sich vorwiegend Rezepte für die voll-wertige Kaffeetafel. Ähnliche Kuchen kann man natürlich statt aus Dinkel auch aus Weizen backen.

Etwas ungewöhnlicher ist sicherlich der Vorschlag, aus dem eher kräftig-deftigen Grünkern süße Kuchen zu backen. Wenn Sie das Ausgefallene lieben, lohnt sich ein Versuch bestimmt. Kombiniert mit kräftigen, möglichst säuerlichen Obstsorten kann man auf diese Weise ungeahnte Geschmackserlebnisse erzielen.

Für alle Backrezepte gilt, dass die angegebenen Flüssigkeits-mengen Richtwerte sind. Denn im Gegensatz zum industriell gefertigten Mehl, das stets gleiche Eigenschaften aufweist, kön-nen zwischen zwei Dinkellieferungen große Unterschiede be-stehen. Sortenunterschiede machen sich bemerkbar, außerdem spielt der Feinheitsgrad des Mehls eine Rolle: Je feiner und flockiger das Mehl ist, desto mehr Flüssigkeit nimmt es auf. Der Bedarf an Milch oder Wasser kann also stark variieren. Daher sollte nie sofort die gesamte Menge hinzugefügt wer-den, sondern man fängt zunächst mit der Hälfte an und pro-biert aus, wie der Teig wird. Vielleicht ist im Einzelfall erheb-lich mehr Flüssigkeit notwendig als angegeben. Am besten probiert man einfach aus und mit etwas Erfahrung wird man die Teigbeschaffenheit schon bald richtig einschätzen können. Die Beschaffenheit des Mehles hängt stark auch von der Müh-le ab. Selbst erfahrene Bäcker(innen) müssen sich manchmal erst an das Mahlprodukt eines anderen Gerätes gewöhnen.

Mohnkuchen

für den Teig:
200 g Dinkel
1 Würfel Hefe
50 g Butter
1 EL Honig
100 ml Milch
1 Prise Meersalz

für den Belag:
150 g Mohn
60 g Grünkern
250 ml Wasser
2 EL Honig
4 EL Rosinen
100 ml süße Sahne
½ TL Zimt
1 Prise Nelken
Fett für die Form

Den Dinkel fein mahlen. Die Hefe in das Mehl krümeln und mit Butter, Honig, Milch und Meersalz zu einem glatten Teig verkneten. Den Teig in einer mit einem Tuch bedeckten Schüssel eine halbe Stunde gehen lassen.

Mohn und Grünkern fein schroten, in Wasser aufkochen und 15 Minuten quellen lassen. Honig, Rosinen, Sahne und Gewürze unter die abgekühlte Masse mischen. Den Teig in eine gefettete Form drücken und an den Rändern etwas hochziehen. Bei 200 °C 15 Minuten vorbacken. Den Teig mit der

Mohnmasse bestreichen und weitere 30 Minuten fertig backen. Der Kuchen schmeckt einen Tag nach dem Backen am besten.

○ **Tipp:** Überzeugen Sie sich vorher, ob Ihre Mühle zum Mahlen von Mohn geeignet ist. Modelle mit Steinmahlwerk beispielsweise werden durch Mohn unbrauchbar! Auf jeden Fall sollten Sie Ihre Mühle nach dem Mahlen von Mohn reinigen.

Mohnstrudel

Der Belag für den Mohnkuchen eignet sich auch als Füllung für einen Mohnstrudel.

für den Teig:
200 g Dinkel
2 EL Öl
60 ml Wasser
1 Ei
Fett für das Blech

Den Dinkel fein mahlen, mit Öl und Wasser zu einem glatten Teig verkneten und eine halbe Stunde im Kühlschrank ruhen lassen. Bedingt durch den Feinheitsgrad des Mehls kann die benötigte Wassermenge variieren. Lassen Sie sich Zeit beim Kneten und arbeiten Sie so viel Wasser wie möglich ein. Der Teig muss sich noch von den Händen lösen.
Nach dem Ruhen den Teig mit einem Nudelholz so dünn wie möglich ausrollen und auf ein Geschirrtuch legen. Die Füllung darauf verteilen, die Ränder freilassen und diese mit Ei bestreichen. Dann zwei Zipfel an der schmalen Seite des Tuches anfassen und das Tuch langsam anheben. Der Teig rollt sich so fast von selbst zusammen. Das Tuch immer weiter anheben und auf diese Weise den Teig ganz zusammenrollen. Anschließend an den Rändern gut verkleben, mit Hilfe des Tuches auf ein gefettetes Blech gleiten lassen und 30 Minuten bei 200 °C backen. Hierbei eine Tasse Wasser in den Backofen stellen.

Biskuitrolle

175 g Dinkel
5 Eier
5 EL Wasser
3 EL Honig
1 Prise Meersalz
300 ml Sahne
1 Prise Vanille
500 g frisches, saftiges Obst nach Wahl
Pergamentpapier für das Blech

Den Dinkel fein mahlen. Ein Kuchenblech mit Pergamentpapier auslegen. Die Eier trennen. Eigelb mit Honig und 5 EL kochendem Wasser schaumig rühren, Eiweiß zu steifem Schnee schlagen. Das Mehl vorsichtig auf die gelbe Eiermasse streuen, den Eischnee darauf verteilen und mit einem Schneebesen unterheben. Dabei nie auf den Schüsselrand schlagen, da der Eischnee sonst zusammenfällt. Den Teig auf das mit Pergamentpapier bedeckte Blech verteilen und sofort bei 200 °C 10 – 15 Minuten backen.

Den Biskuit mit dem Papier nach oben auf ein Tuch legen, das Papier anfeuchten und abziehen. Den Teig in das Tuch einrollen und auskühlen lassen. Sahne mit Vanille schlagen. Die erkaltete Rolle aufwickeln, mit Sahne bestreichen und mit dem Obst belegen. Zusammenrollen und mit Obst und Sahne garnieren.

○ **Achtung:** Küchentücher, die mit stark parfümiertem Waschmittel gewaschen wurden, geben dem Biskuit einen Seifengeschmack.

Grünkern-Krümeltorte

Das Rezept reicht für eine kleine Springform

250 g Dinkel
125 g Butter
2 EL Honig
1 Prise Meersalz
1 Ei
200 g Grünkern
2 EL Honig
100 g Butter
3 Äpfel
100 g Rosinen
2 EL Vollkornbrösel
Fett für die Form

Den Dinkel fein mahlen. Mit Butter, Honig, Meersalz und dem Ei in einer Schüssel mit einer großen Gabel unterarbeiten. Den Teig zum Schluss zusammenkneten, zu einem Kloß formen und im Kühlschrank ruhen lassen. Den Grünkern mahlen und mit Honig und Butter verkneten. Dieser Teig muss recht bröselig sein. Die Äpfel schälen und klein schneiden, die Rosinen waschen. Eine kleine Springform mit dem Dinkelteig auskleiden und diesen an den Rändern hochziehen. Den Teig 15 Minuten bei 200 °C vorbacken. Mit Semmelbröseln bestreuen und mit dem Obst belegen. Grünkernteig darüber krümeln. Bei 200 °C 30 Minuten backen.

Christstollen

400 g Dinkel
100 g Mandeln
250 g Magerquark
200 g Rosinen
abgeriebene Schale einer Zitrone
250 ml lauwarme Milch
2 Eier
2 EL Honig
1 Würfel Hefe
½ TL Meersalz
1 TL Zimt
Fett für die Form

Den Dinkel fein mahlen und die Mandeln hacken. Mit allen übrigen Zutaten in einer großen Schüssel gut verkneten. Der Teig soll sich von den Händen lösen. Den Teig abgedeckt an einem warmen Ort mindestens 30 Minuten gehen lassen, bis sich das Teigvolumen fast verdoppelt hat. Den Teig in eine gefettete Kastenform füllen und nochmals gehen lassen. Bei 200 °C 60 Minuten backen.

Grünkern-Hirse-Kuchen

Das Rezept reicht für eine kleine Springform

50 g Rosinen
500 g Äpfel
Saft einer Zitrone
100 g Hirse
100 g Grünkern
1 TL Anis
250 ml Milch
4 Eier
80 g Butter
3 EL Honig
1 Prise Meersalz
Fett für die Form

Die Rosinen waschen. Die Äpfel vom Kerngehäuse befreien und würfeln. Beides mit Zitronensaft begießen und zur Seite stellen.

Das Getreide und den Anis fein mahlen. Milch erhitzen, das Mehl einrühren und das Ganze abkühlen lassen. Die Eier trennen. Eigelb, Butter und Honig schaumig schlagen, unter die Grünkernmasse mischen und salzen. Eiweiß zu Schnee schlagen und mit dem Schneebesen unterheben. Den Teig in eine gefettete Springform füllen und mit Obst belegen. Bei 200 °C 30 Minuten backen.

○ **Tipp:** Wer Anis nicht mag, kann ihn einfach weglassen oder statt dessen Zimt nehmen.

Grünkern-Brombeer-Kuchen

Das Rezept reicht für eine kleine Springform

200 g Grünkern
250 ml Milch
4 Eier
80 g Butter
3 EL Honig
1 TL Zimt
1 Prise Meersalz
500 g Brombeeren
Fett für die Form

Grünkern grob mahlen. Milch erhitzen, den Grünkern einrühren und abkühlen lassen. Die Eier trennen. Eigelb, Butter
und Honig schaumig schlagen und mit den Gewürzen und
der Grünkernmasse vermischen. Eiweiß zu Schnee schlagen
und mit dem Schneebesen unterheben. Den Teig in eine gefettete Form füllen und mit Brombeeren belegen. Bei 200 °C
40 Minuten backen.

○ **Tipp:** Grünkernkuchen hält sich besonders lange frisch. Er
  entwickelt sein typisches Aroma erst am zweiten Tag.

○ Statt Brombeeren kann man auch Sauerkirschen nehmen.

Grünkernflockenkuchen

Das Rezept reicht für eine kleine Springform

200 g Grünkern
500 g Pflaumen
125 ml Wasser
4 Eier
80 g Butter
3 EL Honig
1 Prise Meersalz
1 TL Zimt
2 EL Vollkornbrösel
Fett für die Form

Die Hälfte des Grünkerns in ein Sieb geben, mit Wasser abbrausen und über Nacht stehen lassen. Die Pflaumen waschen und entkernen. Den übrigen Grünkern fein mahlen. Das Wasser erhitzen und das Mehl einstreuen. Die Masse aufkochen und abkühlen lassen. Die feuchten Grünkernkörner durch die Flockenquetsche geben (notfalls fertige Flocken verwenden und vorher eine halbe Stunde einweichen). Die Eier trennen; Eigelb, Butter und Honig schaumig rühren. Flocken, Grünkernmasse und Gewürze unterrühren. Das Eiweiß steif schlagen und mit einem Schneebesen langsam und vorsichtig unterheben. Den Teig sofort in eine gefettete Springform füllen und mit den Pflaumen belegen. Semmelbrösel darüber streuen. Diese sollen die Flüssigkeit aufsaugen, die die Pflaumen beim Backen ziehen. Den Kuchen bei 200 °C 30 Minuten backen.

Phönixkuchen

Wie Phönix aus der Asche entsteht nach diesem Rezept aus Ihren Brotresten ein leckerer Kuchen.

400 g Brot- oder Brötchenreste
250 ml Milch
100 g Dinkel
1 TL Weinsteinbackpulver
3 Eier
100 g Butter
100 g Rohrohrzucker
100 g Rosinen
Fett für die Form

Die Brotreste bröckeln, die Milch zum Kochen bringen und darüber gießen. Etwas weichen lassen und mit einer Gabel zerdrücken Die Flüssigkeitsmenge kann erheblich schwanken, da sie davon abhängt, wie trocken die Reste sind. Es muss ein weicher Brei entstehen. Den Dinkel fein mahlen und mit dem Backpulver vermischen. Eier, Butter und Rohrzucker zu einer cremigen Masse schlagen. Alle Zutaten zu dem Brotbrei geben und unterheben. Eine Schornsteinform fetten und den Kuchenteig einfüllen. Bei 200 °C 30 Minuten backen.

Preiselbeertorte

für den Boden:
3 Eier
100 g Butter
100 g Rohrohrzucker
250 g Dinkel
1 TL Weinsteinbackpulver
100 g Mandeln
250 g Joghurt
Fett für die Form

für den Belag:
400 g Preiselbeerkompott
   (Reformhaus oder Naturkostladen)
200 ml Sahne

Den Dinkel fein mahlen, die Mandeln raspeln und beides mit dem Weinsteinbackpulver vermischen. Aus Butter, Rohrzucker und Eiern eine schaumige Creme rühren. Zusammen mit dem Joghurt unter das Dinkel-Mandel-Gemisch heben.
Eine Tortenbodenform sorgfältig einfetten. Am besten geht das, wenn man mit dem Finger jede einzelne Rille bestreicht. Stellen Sie sich vor, sie verteilen eine Pflegecreme auf der Augenpartie.
Den Teig einfüllen und bei 200 °C 25 – 30 Min backen.
Den Boden auf einem Kuchengitter abkühlen lassen und nacheinander den Preiselbeerkompott und die geschlagene Sahne darauf verteilen.

Schwarzwälder-Kirsch-Torte

250 g Butter
3 Eier
150 g Rohrohrzucker
250 g Dinkel
100 g gehackte Schokolade
1 EL Kakao
1 Päckchen Weinsteinbackpulver
125 ml Rotwein
Fett für die Form

für die Füllung:
400 ml süße Sahne
350 g gekochte Sauerkirschen
ein Gläschen Kirschwasser
etwas gehackte Schokolade zum Garnieren

Dinkel fein mahlen. Butter, Eier und Rohrohrzucker zusammen schaumig rühren. Backpulver unter das Mehl mischen und alle Zutaten gut vermischen. Eine Springform fetten und den Teig hineinfüllen. Bei 200 °C 60 – 70 Minuten backen. Dabei mit einer Alufolie abdecken.
Nach dem Backen den Tortenboden auf einem Rost auskühlen lassen. Die Sahne schlagen, eventuell die Kirschen entsteinen. Mit einem langen, breiten Messer horizontal durchschneiden. Die untere Schicht mit Sahne bestreichen und mit Kirschen belegen. Die zweite Schicht darauf legen und nun die Torte auch an den Außenseiten mit Sahne bestreichen. Mit Kirschen und Schokoladenstückchen garnieren. Das echte Schwarzwälder-Kirsch-Aroma kann man der Torte verleihen, indem man die obere Teigplatte mit Kirschwasser tränkt.

Hefeblechkuchen mit Quark

für den Teig:

400 g Dinkel
250 ml Milch
100 g Zucker
100 g Butter
1 Würfel Hefe
1 Prise Salz
Fett für das Blech

für den Belag:

250 g Magerquark
3 g Johannisbrotkernmehl
2 Eier
100 g Zucker
Saft einer halben Zitrone

Alle Zutaten für den Teig in einer Schüssel gut verkneten, einen Kloß formen und mit einem Handtuch bedeckt am warmen Ort 30 Minuten gehen lassen. Die Zutaten sollten Zimmertemperatur haben.

In einer anderen Schüssel inzwischen die Zutaten für den Belag miteinander verrühren. Ein Blech fetten und den Hefeteig darauf verteilen. Mit der Quarkmasse gleichmäßig bestreichen. Bei 200 °C 30 Minuten backen. Auf dem Blech auskühlen lassen und anschließend in Streifen schneiden.

○ **Tipp:** Johannisbrotkernmehl erhalten Sie in Reformhäusern oder Naturkostläden unter anderem unter dem Namen »Biobin«.

Biskuit »Apfelraspel-Extra«

250 g Dinkel
1 Päckchen Weinsteinbackpulver
1 Prise Meersalz
4 Eier
3 EL warmes Wasser
250 g Rohrohrzucker
4 – 5 saure Äpfel (etwa 700 g)
Fett für die Form

Den Backofen auf 200 °C vorheizen. Den Dinkel fein mahlen und mit dem Backpulver und Salz vermischen. Die Eier trennen, das Eigelb mit 3 EL warmem Wasser zusammen mit dem Zucker schaumig rühren, das Eiweiß zu Schnee schlagen. Die Äpfel nach Belieben schälen, dann raspeln. Eine Springform gut bis zum oberen Rand einfetten. Wenn alles vorbereitet ist, in eine geräumige Schüssel die Eigelb-Zucker-Masse, die Äpfel, das Mehl und den Eischnee übereinander schichten und langsam und vorsichtig untereinanderheben. In die Springform füllen und 50 Minuten backen. Während der ersten 20 Minuten mit Alufolie abdecken.

Nach dem Backen aus der Form lösen und auf einem Kuchengitter auskühlen lassen.

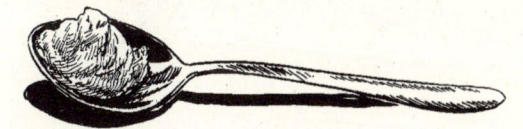

Süßspeisen und Gebäck

In diesem Kapitel finden Sie allerhand süße Köstlichkeiten versammelt, geeignet für Desserts oder für kleine Naschereien zwischendurch, aber auch süße Aufläufe, mit denen man im Sommer eine komplette Mahlzeit bestreiten kann.

Besonders beliebt bei Kindern sind die verschiedenen Waffelvariationen, die aber auch bei erwachsenen Naschkatzen ihre Anhänger haben.

Hefewaffeln

100 g Butter
3 Eier
350 g Dinkel
1 Würfel Hefe
350 ml Milch
2 EL Honig
2 TL Zimt
1 Prise Meersalz
Fett für das Eisen

Die Butter zerlassen und abkühlen, bis sie noch lauwarm ist.
Die Eier trennen. Den Dinkel fein mahlen und die Hefe hin-
einkrümeln. Alle Zutaten – bis auf das Eiweiß – dazugeben
und zu einem dünnflüssigen Teig rühren. Eine halbe Stunde
gehen lassen. Das Eiweiß zu Schnee schlagen und langsam
und vorsichtig unterheben.
Waffeleisen vorheizen und je einen großen Löffel Teig in drei
Minuten zu einer knusprigen Waffel backen.
Die Waffeln schmecken warm zu Kompott, Obst und Quark-
speisen oder mit Schlagsahne. Man kann sie aber auch kalt
essen. Zum Auskühlen werden die Waffeln auf ein Kuchengitter gelegt.

○ Unbeschichtete Waffeleisen sollte man mit einem Backpinsel
   mit etwas Butter einfetten.

Grünkernwaffeln

390 g Dinkel
60 g Grünkern
6 Eier
6 EL Honig
150 g Butter
1 Prise Meersalz
½ TL Zimt
Fett für das Eisen

Dinkel und Grünkern fein mahlen. Eier, Honig und Butter zusammen aufschlagen. Das Mehl dazugeben, mit Meersalz und Zimt abschmecken und eine halbe Stunde quellen lassen. Der Teig bleibt klebrig, sollte jedoch nicht dünnflüssig sein.
Jeweils einen großen Löffel Teig in das vorgeheizte Waffeleisen geben und zwei bis fünf Minuten backen. Mit Obst und Sahne servieren. Am besten schmecken die Waffeln warm.

○ **Tipp:** Da diese Waffeln sehr fest und kräftig sind, eignen sie sich besonders gut zu einer herzhaften Variante: dazu den Honig weglassen (eventuell durch etwas Milch ersetzen) und statt dessen mit Muskat und Curry würzen. Die Waffeln sofort, wenn sie aus dem Eisen kommen, mit geriebenem Käse bestreuen.

○ Unbeschichtete Waffeleisen sollte man mit einem Backpinsel mit etwas Butter einfetten.

Apfelwaffeln

3 Eier
125 g Butter
250 g Dinkel
1 TL Weinsteinbackpulver
1 Prise Meersalz
1 dicker Apfel
150 g Rohrohrzucker
275 g Naturjoghurt
Fett für das Eisen

Eier und Butter eine Stunde vor dem Backen aus dem Kühl-schrank holen. Den Dinkel fein mahlen und mit Backpulver und Salz mischen. Den Apfel nach Belieben schälen und grob raspeln. Butter, Zucker und Eier zusammen aufschlagen. Alle vorbereiteten Zutaten und den Joghurt zu dem Mehl in eine Schüssel geben und vorsichtig untereinander mischen. Der Teig wird nicht besonders flüssig und lässt sich deshalb einfach ver-backen.

Das Waffeleisen anheizen und auf hohe Temperatur einstel-len. Diese Waffeln enthalten so viel Butter, dass man auch ein unbeschichtetes Eisen nur vor dem ersten Backen sorgfältig einfetten muss. Wer Fett sparen will, kann die Buttermenge im Teig durchaus reduzieren, allerdings muss man dann das Eisen sehr sorgfältig mit weicher Butter einpinseln. Die Waf-feln sind nach etwa 5 Minuten gar, man merkt es daran, dass dem Eisen kein Dampf mehr entweicht.

Weihnachtswaffeln

250 g Dinkel
100 g Rosinen
50 g Orangeat
50 g Zitronat
3 Eier
250 g Honig
125 g Butter
125 ml Milch
Fett für das Eisen

Den Dinkel fein mahlen. Rosinen, Orangeat und Zitronat hacken. Eier, Honig und Butter zusammen aufschlagen. Alle Zutaten in eine Schüssel geben und gut vermischen. Ein Waffeleisen anheizen und sorgfältig mit Butter einpinseln. Die Waffeln nacheinander darin backen. Sie brauchen etwa 5 Minuten und sind gar, wenn kein Dampf mehr entweicht.

Diese Waffeln sind die einzigen, die besser schmecken, wenn sie kalt sind, weil Orangeat und Zitronat ihren Geschmack nur langsam verbreiten. Damit sie richtig weihnachtlich schmecken, müssen sie etwas durchziehen.

Grünkernmakronen mit Kokos

200 g Grünkern
50 ml Milch
80 g Butter
4 Eier
3 EL Honig
1 Prise Meersalz
100 g Kokosraspel
Fett für das Blech

Den Grünkern fein mahlen. Die Milch erhitzen und den Grünkern einrühren. Zur Seite stellen und quellen lassen. Butter, Eier und Honig schaumig schlagen und die Grünkernmasse unterarbeiten. Den Teig salzen und die Kokosraspeln einrühren.
Ein Backblech fetten und mit zwei Teelöffeln Makronen daraufsetzen. Bei 180 °C etwa 25 Minuten backen. Die Makronen zum Abkühlen vom Blech nehmen.

○ Variante: Statt der Kokosraspeln kann man auch gehackte Mandeln nehmen.

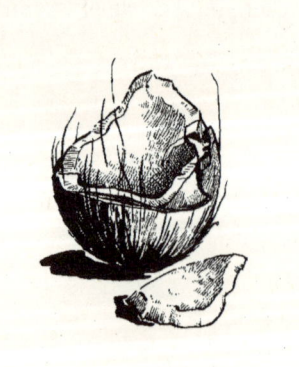

Universal-Buttergebäck
»Osterhasen-Nikolaus«

2 Eier
250 g Butter
400 g Dinkel
200 g Rohrohrzucker
1 Prise Meersalz
Fett für das Blech

Eier und Butter eine Stunde vor dem Backen aus dem Kühlschrank holen. Den Dinkel fein mahlen. Eier, Butter und Rohrohrzucker zusammen aufschlagen. Das Salz zu dem Mehl geben, die geschlagene Masse darüber verteilen und mit einer Gabel vermischen. Zum Schluss mit den Händen zusammenkneten. Ein Blech sorgfältig fetten und bereitstellen. Ein großes Backbrett dick (besonders wichtig, da der Teig sehr klebrig ist) mit Mehl einstäuben, desgleichen ein Nudelholz. Den Teig vorsichtig ausrollen und mit Ausstechförmchen »jahreszeitgerechte« Plätzchen ausstechen. Auf das Blech setzen und bei 200 °C 15 Minuten backen. Auf einem Sieb auskühlen lassen.

Achtung: Dieses Rezept eignet sich nicht unbedingt zum Backen mit kleinen Kindern, da diese es meist an dem Zartgefühl mangeln lassen, den der Teig beim Ausrollen braucht.

Wer neutrales Teegebäck herstellen will, formt den Teig zu einer dicken Rolle und schneidet davon Taler ab.

Vanillekipferln

175 g Butter
3 Eier
250 g Dinkel
200 g Mandeln
100 g Rohrohrzucker
1 Prise Meersalz
1 EL Bourbon-Vanille
Fett für das Blech

Butter und Eier etwa eine Stunde vor dem Backen aus dem Kühlschrank holen. Den Dinkel fein mahlen, die Mandeln fein raspeln (oder geraspelte kaufen), Zucker, Eier und Butter zusammen aufschlagen, bis der Rohrohrzucker aufgelöst ist. Mehl, Mandeln, Salz und Vanille in eine Schüssel geben, die aufgeschlagene Masse darauf verteilen und mit einer Gabel untermischen. Den Teig mit den Händen zusammenkneten. Kleine Hörnchen, eben die Kipferln, formen und auf ein sorgfältig gefettetes Blech setzen.
Bei 200 °C etwa 20 Minuten backen. Auf einem Sieb auskühlen lassen.

Diese Weihnachtsplätzchen halten sich in Blechdosen oder Schraubgläsern verpackt und kühl gelagert mehrere Wochen; wenn man sie gut bewacht, fast bis Ostern.

Kirschenmichel

300 g Grünkern
600 ml Wasser
2 Eier
500 g Sauerkirschen
1 Prise Meersalz
2 EL Honig
2 EL Zimt
20 g Haferflocken
40 g Butter
Fett für die Form

Den Grünkern schroten und über Nacht in Wasser einweichen. Die Eier trennen. Eigelb zu dem Grünkern geben, Eiweiß zu Schnee schlagen. Kirschen mit Meersalz, Honig und Zimt unter die Grünkernmasse mengen. Eine Auflaufform fetten. Den Eischnee vorsichtig unter die Masse heben und in die Form füllen. Mit den Haferflocken bestreuen und Butterflöckchen daraufsetzen. Bei 200 °C mit geschlossenem Deckel eine Stunde backen.

○ **Tipp:** Dieser Auflauf schmeckt auch kalt mit Schlagsahne als Nachtisch. Dafür nimmt man nur die halbe Menge.

Süßer Flockenauflauf

280 g Grünkern
1200 g Obst der Saison
2 Eier
100 g Butter
2 EL Honig
1 Prise Meersalz
1 TL Zimt
Fett für die Form

Den Grünkern auf ein Sieb schütten, abbrausen und über Nacht stehen lassen.

Das Obst waschen und klein schneiden. Grünkern durch die Flockenquetsche geben. Eier, Butter und Honig verrühren. Die Flocken darunter mischen und mit Meersalz und Zimt abschmecken. In eine gefettete Auflaufform füllen und das Obst darauf verteilen. Mit Deckel bei 200 °C 30 Minuten backen.

Dazu schmeckt Quark oder, wenn es besonders fein sein soll, Schlagsahne.

○ **Tipp:** Für einen ausgefallenen Nachtisch nur die halbe Menge zubereiten und das Ganze 15 Minuten in feuerfesten Portionsförmchen backen.

Vilabonga

Dieses Gericht haben Verwandte von mir aus Mecklenburg mitgebracht. Den eigentümlichen Namen konnte bisher niemand erklären. Ursprünglich nahm man statt Grünkern gehacktes Schwarzbrot.

100 g Grünkern
250 ml Wasser
1 TL Zimt
2 TL Honig
200 g eingemachte Sauerkirschen
(bei gekaufter Ware Zutatenliste beachten!)
250 g Sahne

Grünkern grob schroten, in Wasser 30 Minuten kochen, dann abkühlen lassen und mit Zimt und Honig abschmecken. Abwechselnd mit den Kirschen in eine Schüssel schichten. Die Sahne schlagen und das Ganze damit abdecken.

○ **Tipp:** Vilabonga eignet sich als Dessert oder auch als Bereicherung der Kaffeetafel. Es ist sehr sättigend.

Brot und Brötchen

Dinkel eignet sich vorzüglich zum Backen von Brot und Brötchen. Der hohe Kleberanteil – er entspricht etwa dem des Hartweizens – führt dazu, dass ein Dinkel-Teig sehr gut bindet. Dinkelmehl nimmt viel Wasser auf und ergibt dadurch einen sehr zähen Teig. Wird durch ein Treibmittel, zum Beispiel Hefe oder Sauerteig, Luft in einen solch elastischen Teig eingebracht, wird diese gut festgehalten, so dass das Gebäck besonders gut aufgeht.

Beim Grünkernmehl sieht das ganz anders aus. Dieses ist hart und körnig und klebt überhaupt nicht. Um mit Grünkernmehl zu backen, muss man es zunächst in Flüssigkeit aufkochen. In kleinen Mengen kann man Grünkern zur Geschmacksverbesserung anderer Mehlsorten beimischen.

Sauerteigbrote mit Dinkel

Das Backen von Sauerteigbroten muss man einige Tage vorher »planen«. Der Sauerteig entsteht aus Roggenmehl und Wasser. Er braucht insgesamt drei Tage, um durchzusäuern. Nach diesem Rezept entstehen 700 g Sauerteig, die für ein Dreipfundbrot ausreichen.

Grundrezept Sauerteig

400 g Roggen
400 ml lauwarmes Wasser

100 g Roggen fein mahlen und mit 100 ml Wasser in einer Schüssel gut verrühren. Mit Mehl bestreuen (damit die Oberfläche nicht austrocknet) und mit einem Tuch bedeckt bei Zimmertemperatur einen Tag lang stehen lassen.
Am nächsten Tag 100 g Roggenmehl und 100 ml Wasser dazurühren und einen weiteren Tag stehen lassen. Am dritten Tag 200 g Roggenmehl und 200 ml Wasser hinzufügen und nochmals 24 Stunden stehen lassen. Je nach Wärme wird der Teig spätestens am zweiten Tag einen angenehm säuerlichen Geruch verströmen und anfangen, Blasen zu werfen.

○ **Tipp:** Wählen Sie eine Schüssel, die groß genug ist, damit auch die letzten 200 g Mehl noch hineinpassen!

Grundrezept Dinkel-Sauerteigbrot

650 g Dinkel
1 Würfel Hefe
300 ml lauwarmes Wasser
3 TL Meersalz
700 g Sauerteig
Fett für die Form

Den Dinkel fein mahlen. Die Hefe in einer Schüssel zerkrü-
meln, Wasser unterrühren, salzen und den Sauerteig dazugeben. Gut durchkneten, mit einem Tuch abdecken und 30 Minuten gehen lassen. Der Teig sollte nicht mehr flüssig sein,
sich aber auch nicht von den Händen lösen.
Den Teig in eine gefettete Kastenform füllen und nochmals
30 Minuten gehen lassen. Mit Mehl bestreuen und 70 Minuten bei 200 °C backen.
In den Backofen eine Tasse Wasser stellen und das Brot nach
der Hälfte der Backdauer mit Wasser besprengen. So entsteht
eine schöne Kruste.

○ **Tipp:** Es ist unbedingt empfehlenswert, das Brot in einer
Kastenform zu backen. Für ein geformtes Brot auf dem Blech
ist dieser Teig zu flüssig. Das Brot schmeckt erst am zweiten Tag richtig gut und hält sich im Brottopf eine Woche
lang.

Sauerteigbrot mit Grünkern

600 g Dinkel
200 g Grünkern
3 TL Meersalz
1 Würfel Hefe
350 ml lauwarmes Wasser
700 g Sauerteig
Fett für die Form

Aus diesen Zutaten kann man nach dem Grundrezept (siehe Seite 141) ein besonders würziges Brot zubereiten.

Statt Roggen kann man für die Zubereitung des Sauerteigs auch Dinkel verwenden und diesen dann als Grundlage für das Dreipfundbrot nehmen. Ein solches Brot ist viel heller als das mit Roggensauerteig zubereitete und hat ein unvergleichliches Aroma.

Sauerteigbrote können gut variiert werden. So lassen sich z. B. Sonnenblumenkerne oder eingeweichte Grünkernkörner unterarbeiten. Als Gewürz eignet sich eine Mischung aus einem Esslöffel Kümmel und einem Teelöffel Anis. Kräuter geben dem Brot eine individuelle Note.

Einen ganz besonderen Geschmack erzielen Sie, wenn Sie 100 g des Mehls (nicht im Sauerteig) durch Malzkaffee ersetzen. Am besten geeignet ist ungemahlener Malzkaffee (in der Getreidemühle mitmahlen). Instant-Kaffee sollte nicht verwendet werden.

Grünkernfladenbrötchen

für 10 Brötchen:
200 g Grünkern
300 ml Milch
300 g Dinkel
500 g saure Sahne
1 Würfel Hefe
1 TL Meersalz
Fett für das Blech

Den Grünkern fein mahlen und über Nacht in der Milch einweichen. Den Dinkel mahlen, alle übrigen Zutaten dazugeben
und gut mischen. Es muss ein relativ dünner Teig entstehen,
der noch am Löffel klebt. Mindestens 30 Minuten an einem
warmen Ort mit einem Tuch bedeckt gehen lassen.
Ein Blech einfetten und den Teig mit zwei Esslöffeln portionsweise daraufsetzen. Dabei genügend Abstand halten, da die
Brötchen beim Backen auseinander laufen und flach werden.
Sie haben dann den doppelten Umfang. Die Brötchen bei
200° C 30 Minuten backen.

Dinkelbrötchen

für 8 Brötchen:
400 g Dinkel
1 Würfel Hefe
200 ml Milch
100 g Butter
1 TL Meersalz
Fett für das Blech

Den Dinkel fein mahlen. Die Hefe in das Mehl krümeln, mit der Milch und der Butter zu einem Teig verkneten und salzen. Der Teig sollte sich von den Händen lösen. Den Teig in eine Schüssel legen und mit einem Tuch abdecken. An einem warmen Ort 30 Minuten gehen lassen. Ein Blech einfetten, acht Brötchen formen, auf das Blech setzen und die Brötchen nochmals gehen lassen. Bei 200 °C 30 Minuten backen.
Diese Brötchen schmecken am besten frisch. Länger als einen Tag sollte man sie nicht aufheben. Aber im Normalfall sind sie dann ohnehin schon aufgegessen.

Zwiebelbrötchen

für 8 Brötchen:
400 g Dinkel
1 Würfel Hefe
200 ml Milch
100 g Butter
1 TL Meersalz
2 kleine Zwiebeln
Fett zum Rösten
Fett für das Blech

Den Dinkel fein mahlen. Die Hefe in das Mehl krümeln, mit Milch und Butter zu einem glatten Teig kneten und salzen. Der Teig sollte sich von den Händen lösen.

In einer mit einem Tuch bedeckten Schüssel 30 Minuten an einem warmen Ort gehen lassen.

Die Zwiebeln fein hacken, goldbraun rösten und unter den Teig kneten. Acht Brötchen formen und auf ein gefettetes Blech setzen. Die Brötchen nochmals gehen lassen und bei 200 °C 30 Minuten backen.

Käsebrötchen aus Dinkel

für 8 Brötchen:

120 g mittelalter Gouda
400 g Dinkel
380 g Joghurt
1 Würfel Hefe
½ TL Meersalz
Fett für das Blech

Den Käse in kleine Würfel schneiden und den Dinkel fein mahlen. Alle Zutaten in einer Schüssel gut verkneten. Der Teig sollte sich leicht von den Händen lösen.

Die Schüssel mit einem Tuch bedecken und an einem warmen Ort eine halbe Stunde gehen lassen. Acht Brötchen formen, diese auf ein gefettetes Blech setzen und nochmals gehen lassen. Bei 200 °C 30 Minuten backen.

Käsehörnchen

für acht Hörnchen:

400 g Dinkel
1 Würfel Hefe
200 ml Milch
100 g Butter
1 Prise Meersalz
2 kleine Zwiebeln
Fett zum Anbraten
200 g Gouda
2 Eier
2 EL Kräuter der Provence
Fett für das Blech

Den Dinkel fein mahlen. Die Hefe über das Mehl krümeln und mit Milch und Butter zu einem festen Teig verkneten, der sich von den Händen löst. Den Teig salzen und in einer mit einem Tuch bedeckten Schüssel 30 Minuten gehen lassen.

In dieser Zeit die Zwiebeln hacken und goldgelb rösten. Den Käse reiben und Eier, Kräuter und Zwiebeln damit mischen. Den Teig in acht gleiche Teile teilen. Ein Blech bemehlen und mit einem Nudelholz einen Teigball oval ausrollen. Diesen der Länge nach mit der Füllung belegen, zusammenrollen, an den Enden zusammendrücken und zu einem Hörnchen biegen. Mit den übrigen Teigstücken ebenso verfahren.

Die Hörnchen auf ein gefettetes Blech setzen und bei 200 °C 30 Minuten backen. Noch warm servieren.

Grünkernbrötchen

für acht Brötchen:

200 g Grünkern
200 g Dinkel
200 ml Wasser
200 ml Milch
4 EL Öl
1 Würfel Hefe
1 TL Meersalz
Fett für das Blech

Grünkern und Dinkel getrennt fein mahlen. 200 ml Wasser erhitzen, das Grünkernmehl einrühren und das Ganze zur Seite stellen. Dinkel mit Milch, Öl und Hefe vermischen. Den lauwarmen Grünkernbrei (er darf nicht mehr heiß sein, da die Hefe sonst zerstört wird) unterkneten, salzen und in einer abgedeckten Schüssel 30 Minuten gehen lassen. Der Teig sollte sich von den Händen lösen.
Ein Blech einfetten, acht Brötchen formen und nochmals gehen lassen. Bei 200 °C 30 Minuten backen.

Malzbrötchen

für 8 Brötchen:
350 g Dinkel
50 g Malzkaffee
1 Würfel Hefe
200 ml Milch
1 TL Meersalz
100 g Butter
Fett für das Blech

Dinkel und Malzkaffee fein mahlen. Die Hefe in das Mehl krümeln und mit sämtlichen Zutaten zu einem glatten Teig verkneten. In einer mit einem Tuch bedeckten Schüssel 30 Minuten gehen lassen. Acht Brötchen formen und auf ein gefettetes Blech setzen. Bei 200 °C 30 Minuten backen.

○ **Tipp:** Im Naturkosthandel ist ungemahlener Malzkaffee erhältlich. Die gerösteten Gerstenkörner besitzen zwar noch Spelzen, diese sind durch die Vorbehandlung aber weich und genießbar geworden.
Der Malzkaffee gibt den Brötchen eine dunkle Farbe und ein unverwechselbares Aroma.

Knauzenwecken

für 10 Brötchen:
500 g Dinkel
1 Würfel Hefe
250 ml lauwarmes Wasser
2 EL Malzextrakt
1 Schuss Essig
1 TL Meersalz
Fett für das Blech

Den Dinkel fein mahlen und mit Hefe, Wasser, Malzextrakt und Essig gut verkneten. Einen Kloß formen, und diesen mit einem Tuch bedeckt 30 Minuten an einem warmen Ort gehen lassen.

Den Teig salzen, nochmals durcharbeiten und Brötchen formen. Diese auf ein gefettetes Blech setzen und nochmals gehen lassen. Mit Wasser bestreichen und bei 200 °C 30 Minuten backen.

Knauzenwecken sind ein altes Dinkelgebäck aus Schwaben.

Seelen

Seelen sind große Salzstangen. Sie sind ein altes schwäbisches Gebäck, das früher immer aus Dinkel gebacken wurde. Ursprünglich wurden sie zu Allerseelen gebacken und als »Totengabe« auf die Gräber gelegt. Seelen bestehen aus einem sehr mageren Teig, der nur aus Mehl, Hefe und Wasser bereitet wird.

für 8 Stangen:
500 g Dinkel
400 ml lauwarmes Wasser
1 Würfel Hefe
Meersalz und Kümmel zum Bestreuen

Den Dinkel fein mahlen. Die Hefe in etwas lauwarmem Wasser anrühren und mit dem restlichen Wasser unter das Mehl kneten. Aus dem Teig einen Kloß formen, diesen in eine Schüssel legen und mit einem Handtuch bedecken. Den Teig 30 Minuten an einem warmen Ort gehen lassen, dann nochmals durcharbeiten, eine dicke Rolle formen und zu acht Stangen zerschneiden. Die Seelen auf ein Brett setzen, nochmals gehen lassen und mit Salz und Kümmel bestreuen. Ein Blech auf Backtemperatur aufheizen, die Stangen daraufsetzen und bei 200 °C 25 Minuten backen.

Olivenölbrötchen alias Dinkelstängli

für etwa 8 Brötchen:

400 g Dinkel
1 Würfel Hefe
1 TL Meersalz
100 ml Olivenöl
250 ml lauwarmes Wasser
Fett für das Blech

Den Dinkel fein mahlen. Mit allen Zutaten zusammen gut verkneten und in einer mit einem Tuch abgedeckten Schüssel 30 Minuten gehen lassen. Ein Blech fetten, 8 Brötchen formen und nochmals gehen lassen. Bei 200 °C 30 Minuten backen.

Das Olivenöl verleiht diesen Brötchen eine besondere Geschmeidigkeit. Man kann den Teig mit Käsewürfeln oder Nüssen, Sesam, Sonnenblumenkernen etc. abwandeln.

Um Partygebäck herzustellen, den Teig zu einem rechteckigen Block von etwa 2 cm Dicke formen. Davon schmale Streifen abschneiden und einfach verzwirbeln. Auf ein Blech setzen und backen, fertig sind die »Dinkel-Stängli«. Da sie dünner als Brötchen sind, brauchen sie nur 20 Minuten Backzeit.

Dieser Olivenöl-Hefeteig ist ein hervorragender Pizzateig. Die Menge dieses Rezeptes reicht genau für ein Backblech Pizza.

Osterkränzchen

Aus den verschiedenen Brötchenteigen den Lieblingsteig auswählen und zubereiten. (Nur Grünkernfladenbrötchen eignen sich nicht für dieses Rezept, da dieser Teig zu flüssig ist.)

Den Teig in acht Portionen teilen, jede Portion zu einer etwa 30 cm langen Rolle formen und diese etwas flachdrücken. Die Rolle so in drei Längsstreifen schneiden, dass sie an einem Ende noch zusammenhängen. Einen Zopf flechten, zu einem Kranz formen und verkleben. Auf die »Nahtstelle« ein strahlenförmig eingeschnittenes Teigblättchen setzen. Die Kränzchen auf ein gefettetes Blech setzen und gehen lassen.

Für jedes Kränzchen ein Ei sauber abwaschen, einstechen und auf die ofenfertigen Kränzchen setzen. Die Kränzchen bei 250° C 30 Minuten backen.

○ **Tipp:** Auf die gleiche Weise lassen sich auch leckere Brezeln backen. Hierfür werden die Teigportionen auf einem bemehlten Brett zu etwa 50 cm langen Rollen geformt, die in der Mitte etwa doppelt so dick sein sollten wie an den Enden. Aus den Rollen Brezeln schlingen und diese wie die Brötchen backen.

Literatur- und Quellenangaben

1) Mitteilung der Geschäftsführung der Vereinigung Fränkischer Grünkernerzeuger, Boxberg, Geschäftsstelle: Landwirtschaftsamt Bad Mergentheim

2) Hans-Jürgen Wöppel: Dinkelanbau und Grünkernerzeugung im Bauland, Diplomarbeit, Kiel, 1983

3) Udelgard Körber-Grohne: Nutzpflanzen in Deutschland, Kulturgeschichte und Biologie, Theiss-Verlag, Stuttgart, 1987

Die Autorin

Ute Rabe lebt mit ihrer vierköpfigen Familie in einem kleinen Dorf in Ostwestfalen-Lippe. Sie beschäftigt sich schon seit langen Jahren mit dem Thema »Vollwerternährung« und veröffentlicht immer wieder Rezepte aus ihrem reichen Erfahrungsschatz.

Von ihr sind im pala-verlag erschienen: *Man nehme Keime, Dinkel und Grünkern, Kochen und Backen mit Hafer* und *Dampfgaren – vitaminschonend und köstlich.*

Rezeptindex

Vegetarisch • vollwertig • gesund

Ute Rabe:
Man nehme: Keime ...
ISBN: 3-89566-194-5

Margrit Stevanon:
Tofu – fantastisch vegetarisch
ISBN: 3-89566-162-7

Irmela Erckenbrecht:
Querbeet
ISBN: 3-89566-163-5

Wolfgang Hertling:
Kochen mit Hirse
ISBN: 3-89566-164-3

ISBN-10: 3-89566-189-9
ISBN-13: 978-3-89566-189-1
© 2003: pala-verlag, Rheinstr. 35, 64283 Darmstadt
2. Auflage 2006
Alle Rechte vorbehalten
Lektorat: C. Waßmann / U. Galter / W. Hertling
In Zusammenarbeit mit dem Deutschen Reform-Verlag, Oberursel
Illustrationen: Margret Schneevoigt
Umschlaggestaltung: Karin Bauer
Druck: fgb • freiburger graphische betriebe
www.fgb.de
Dieses Buch ist auf Papier aus 100 % Recyclingmaterial gedruckt.

Vollwert-Bücher mit Cartoons von Renate Alf

ISBN-10: 3-89566-189-9
ISBN-13: 978-3-89566-189-1
© 2003: pala-verlag, Rheinstr. 35, 64283 Darmstadt
2. Auflage 2006
Alle Rechte vorbehalten
Lektorat: C. Waßmann / U. Galter / W. Hertling
In Zusammenarbeit mit dem Deutschen Reform-Verlag, Oberursel
Illustrationen: Margret Schneevoigt
Umschlaggestaltung: Karin Bauer
Druck: fgb • freiburger graphische betriebe
www.fgb.de
Dieses Buch ist auf Papier aus 100 % Recyclingmaterial gedruckt.